自助論の精神

「努力即幸福」の境地を目指して

大川隆法
Ryuho Okawa

まえがき

安倍首相のあと、菅《すが》新首相が登場して、「自助」「共助」「公助」が大事だと述べたので、さっそく野党やマスコミからは、「自助」っていうのは、国が何も面倒をみないということではないのか、と反発が出はじめている。秋田のイチゴ農家の長男が、高卒で集団就職して上京し、単身政治家になって総理になるまでの軌跡《きせき》は、彼の「自助」という言葉が本心であることを物語っている。

「自助論」が分からなくなった時代に、私も「自助論」を説いている。別に他力による信仰を否定などしていない。ただ、運命に立ち向かっていく各人の強さが、今は求められていると思う。その意味で「Ｇｏ Ｔｏ ◯◯」なんていうのを政府が音頭《おんど》をとるのも好きではないし、「デジタル庁」など創って、北京政府に日本が近づいていくのも好きではない。
自助論の精神は、民主主義的な繁栄の精神である。そして各人が神に近づいていく精神でもある。何もかもを、「災難救助」と同列に扱うべきではない。

二〇二〇年　十一月三日

幸福《こうふく》の科学《かがく》グループ創始者兼総裁《そうししゃけんそうさい》　大川隆法《おおかわりゅうほう》

自助論の精神　目次

第1章　「平凡《へいぼん》からの出発」の真意を語る

――『私の人生論』講義――

二〇二〇年九月十二日　説法《せっぽう》
東京都・幸福の科学総合本部にて

2
嫉妬《しっと》するかわりに祝福せよ

2

第1章

「平凡《へいぼん》からの出発」の真意を語る

――『私の人生論』講義――

二〇二〇年九月十二日　説法《せっぽう》

東京都・幸福の科学総合本部にて

1 「平凡《へいぼん》からの出発」の精神とは

私の説く「平凡からの出発」への理解が食い違《ちが》っている若い世代

本章は、『私の人生論』の講義です。この本の内容は、第1章には表題どおりの「私の人生論」、第2章「平凡《へいぼん》からの出発」、第3章「信用、信用、また信用」という三つの説法《せっぽう》で出来上がっています。

私は普通《ふつう》に読んでしまったのですが、周りの反応等を聞いてみると、やはり、特に「平凡からの出発」のところで引っ掛《か》かっているというか、理解において、多少、食い違《ちが》っている人が多いのではないかという意見がかなりありました。

幸福の科学の職員で、〝三十年選手〟とか〝二十数年選

『私の人生論』(幸福の科学出版刊)

手〟ぐらいの人の場合は、特に違いというほどのことはなく、私が思っていることと、そう差はないのですが、「若い人は、どうも違ったように理解しているのではないか」と感じられることが多いのです。

世代も替《か》わったので、そういうこともあるのかもしれません。「幸福の科学を立てて、これからやろうとしていたあの感じ」が分かっている人と、分かっていない人との差は歴然としてあるので、そのあたりのギャップは埋《う》める必要があるのではないかと思いました。

本法話《ほうわ》を行《おこな》った前日には、東京都品川《しながわ》区で、幸福の科学としては初めての音楽祭を開催《かいさい》し、当会の芸能プロダクション所属の人たちが演壇《えんだん》に上がって歌を歌いました。ついこの前まで、普通の人と言えば普通の人たち、道で会っても分からなかったような人たちが、いつの間にか、映画の主題歌や挿入歌《そうにゅうか》など、いろいろなものを歌うことで、ある種のスターにはなっているわけです。本会場で観《み》ている人や衛星中継《ちゅうけい》で観ている人からすれば、そのように見えることでしょう。もちろん、スターというよりはスターの卵に近い人も多いとは思いますが。いずれにせよ、普通の、要するに「誰《だれ》でもなかった人」が、演壇に上がってスポットライトを浴びて歌を歌えば、〝スターになる〟こともあるわけです。

ただ、世の成功論というのは、そのあたりで終わっていることが多いのです。演壇に上がってクローズアップされ、みなに歌を聴《き》いてもらって拍手《はくしゅ》を受けたというあたりのところで終わっている成功論がほとんどであり、〝それから先〟が分からないというものが多いのです。

一方で、私が言っている「平凡からの出発」というのは、いちおう、〝それから先〟までを見通して書いているものではあるので、おそらく、ここのところが、一《ひと》世代《せだい》替わって読んでみると分からなくなっているのではないかと思います。

旧版『平凡からの出発』の表紙に垂直の崖《がけ》を登る写真を使った意味とは

私の三十二歳《さい》の誕生日記念に出したのが、この『平凡からの出発』という題の本でした。その後、題を変え、『若き日のエル・カンターレ』という題で、函《はこ》入《い》り装《そう》丁《てい》で本を出しています。

ときどき、言葉では「垂直の崖《がけ》を登っている人の写真が表紙だった」ということを聞いてはいても、見たことのない人がかなり多いのではないでしょうか。もしかすると、これをほかのものにせずに、このまま復刻したほうが値打ちが上がる可能性も、若干《じゃっかん》あるかもしれません。

この表紙を見ると、垂直の崖を上がっています。ところが、私が感じるところの、二十代ぐらいの若い人たちが誤解している感じというのは、この表紙を横にしたような感じなのです。どうも、話を聞いてみると、横になった岩の上を〝亀《かめ》のごとく這《は》っている〟ことを「平凡からの出発」というように理解しているのではないかと思

『若き日のエル・カンターレ』（宗教法人幸福の科学刊）

『平凡からの出発』（1988 年、土屋書店刊）

われる節《ふし》があるのです。これは、それほど難しいことではないでしょう。少し汚《よご》れたり、引っ掛かったりすることはあるかもしれませんが、あまり難しいことではありません。

しかし、本当は、〝垂直の崖〟なのです。この意味をよく考えてください。垂直の崖を登っているのです。これは楽なことではないのです。この表紙は初代の編集局長がつくったものなのですけれども、これを見たら分かるように、垂直なのです。これではなかなか登れません。

今、壁《かべ》を登る練習をするジムのようなところはありますが、これは壁ではなくて山なのです。どこの山かは書いていませんけれども、これがエベレストなどだったら大変なことになります。いちばん難しいところであれば、「平凡でここを上がれるか」という問題になるでしょう。

ですから、「平凡からの出発」のなかに、実はそこまで意味を含《ふく》んでいるということを知ってもらいたいのです。「スポーツジムで、三メートルなり五メートルなりの壁を、石を足場にして登ったら、それで到達《とうたつ》した」というレベルの話ではないということです。これを知っていただきたいと思います。

この表紙を「縦」と「横」にするのでは違うのだということを分かるだけでも、だいぶ意味が疎通《そつう》するのではないかと私は思っています。

先ほど述べた音楽祭では、歌の前に、映画「夜明けを信じて。」（製作総指揮・原作 大川隆法、二〇二〇年十月公開）のプロモーションも兼《か》ねた映像が出ていました。それを観ると、東京ドームでの講演に行き着くまでのところが少し出ていましたが、世間《せけん》的に言えば、普通、あのあたりまで行ったあたりで「さよならコンサート」等をするような所なので、そこで人生が終わった感じになってもよいわけです。

しかし、私にとっては、あれは「スタート点」でした。宗教法人としてのスタート点はあそこからであったわけです。このあたりの意味が、裏には入っています。

霊的《れいてき》な目で自分や世界を見ないと、仏陀《ぶっだ》の説く真意は分からない

さて、『私の人生論』は、最初からけっこう難しいかもしれません。

「まえがき」には、「まことに平凡な本である。大川隆法なら、もっと堂々と『奇《き》跡論《せきろん》』を説くべきだ、と主張される方も多かろう。ごもっともな意見である。しかし、本書の内容が、神仏に愛され続けるための秘訣《ひけつ》でもあるのだ。」とあります。

やはり、人間は年を取ると、複雑な言い回しをするようになるため、どういう意味で言っているのかが、それほど簡単には分からないところがあります。「老獪《ろうかい》になってはいけない」と思いつつも、嘘《うそ》を書いているわけではなく、一見、逆説と思えるものが本当になっているのです。

当会では、「自助論で行こうよ」という歌を出すなど、自助論は基本的なスタンスとして勧《すす》めています。ただ、自助論で行くと、最初から最後まで自分でやればよいわけですから、社会とのかか

CD「自助論で行こうよ」（作詞・作曲 大川隆法、発売・販売 幸福の科学出版）

わりはなくてもよいように見えなくもないし、神や仏も要《い》らないようにも見えるし、霊界《れいかい》や守護霊《しゅごれい》や指導霊、支援《しえん》霊等も要らないようにも見えるし、「奇跡など、そんなものは起きなくて結構」ということになりかねません。今、仏教が平凡に堕《だ》して理解されているところの、唯物論《ゆいぶつろん》・無神論的な仏教理解をする学者などがけっこう多いのですけれども、そちらに入っていくこともありえるわけです。ですから、ここは非常に難しいところなのです。

釈尊《しゃくそん》にも六年間の修行《しゅぎょう》期間がありましたが、その期間の釈尊のことを、仏典《ぶってん》等では「菩薩《ぼさつ》」とよく書いてあるのです。これは、まだ悟《さと》っていないからです。精進《しょうじん》して仏になるべく修行している人たちを「菩薩」というのですが、釈尊も六年間は菩薩として描《えが》かれているのです。そして、降魔成道《ごうまじょうどう》をして大悟《たいご》したあとに、「自分は悟ったのだ」ということを自分で認め、それを世に発表して伝道していくわけです。

ですから、この六年間の修行なくしての、いきなりの即身成仏《そくしんじょうぶつ》もなかったとは思われますけれども、即身成仏したから、もうそれですべてが手に入ったかといえば、そんなことはありません。仏としての自覚が出てからあともまた、別の次元において、教団をつくり、各方面に伝道していくためのこの世的な努力も続けていたわけです。

もちろん、大悟はそう何回もはないかもしれませんが、「小悟《しょうご》限りなし」というのは当たり前のことであり、日々に小さな悟りはあるし、教団の折々でのいろいろな事件や難局に当たって、新しい悟りは得ているはずです。そういうものが積み重なって、宗教としても大きくなっていくわけです。

私も若いころに仏典や仏教の本などを読みましたが、釈尊の言葉はやや厳しいというか、きついので、青年期の人が読むと身も蓋《ふた》もないように見える言葉もけっこうあります。突《つ》き詰《つ》めて考えたら、この世に生まれたことが間違いなのではないかと思うような厳しい言葉もありますし、「若さの驕《おご》り」や「男女の誤り」から始まって、血気盛《さか》んであることがすべて苦しみのもとになっているということを説いているので、若い人が読むと、元気がなくなっていくような教えでもあるのです。

さらに、地獄《じごく》のこともたくさん説いているので、「あれをしても、これをしても地獄かな」というほど、あれもこれも地獄だらけなのです。これでは人生、たまらないでしょう。

それで、「結局、真理とは何か」ということについて、やや安っぽい宗教学者や仏教学者などが言っているものには、「仏教は、要するに『真理とは苦《く》だ』と言っているのだ。『この世は苦だ。苦の世界なのだ。苦しみなのだ』と言っているだけであり、『この世から逃《のが》れよう』と言っているのだ」といった、その程度の解釈《かいしゃく》をしているものが多かったと思います。「この世に生まれると間違いを犯《おか》してばかりになるので、すぐに地獄に堕《お》ちてしまう。地獄は怖《こわ》いから、もう、転生輪廻《てんしょうりんね》はまっぴら御免《ごめん》だ。これで終わりにしたい」というような話になっていることが多いのです。

ただ、これだけで世界宗教になるかといえば、ならないのではないかと私は感じていました。

また、私自身、何十年とやってきて、年を取ってくると、だんだん、仏陀《ぶっだ》の言っていることが近くに聞こえるというか、身近に感じられるようになってきたのです。「ああ、本当だ。そのとおりだ」と思うことが多くなってきたので、やはり、晩年のほうの教えがわりあいよく遺《のこ》っているのかなと思うこともあります。あるいは、本人自身が、肉体を持った人間として生きていたレベルから、四十五年と長く伝道をし続けている間に、この肉体を離《はな》れた霊的な目で自分や世界を見ることが多くなっていったのだろうなということが、とてもよく分かるようになっています。

そういう自覚が高まっていくところなしに、仏陀の教えをただそのまま聞いたら、「この世は苦の世界で、一刻も早く離れたほうがよい。この世は悪魔がつくった世界だ」というぐらいに捉《とら》えてしまうことがあり、「これなら、いっそ唯物論のほうがよいのではないか」と思ってしまうこともあるかもしれません。

したがって、解釈はけっこう難しいのです。

一人の人が一生で成し遂《と》げられる仕事は限られている

本を一冊読んでも、何も覚えていないという人も多いので、大事なことは早めに「まえがき」に書いてあります。

「一人の人間が一生で成し遂《と》げられる仕事は限られている。一人でも多くの人の協力を得て、世の中を感化していきたかったら、自慢《じまん》する時間を短縮して、コツコツと努力する時間を増やすことである。」とありますが、このあたりも、若い人が読んでもピンとはこないかもしれません。「何を言っているのだ。こんな当たり前のことを言って。先生はまた、当たり前のことを言うなあ」と思っている人が、わりに多いのではないでしょうか。

「一生で成し遂げられる仕事は限られているので、一人でも多くの人の協力を得て、世の中を感化していきたかったら、自慢する時間を短縮してコツコツと努力する時間を増やすことです」というのは、とても当たり前すぎて、「なぜ、こんなことを言うのだろうか」と考える人は多いと思います。

実際、みなさんも何十年か仕事をしてみて、「一人の人間が一生で成し遂げられる仕事は限られている」ということを、おそらくは身に沁《し》みて感じていることでしょう。

それは私自身も同じです。一人の人が一生で成し遂げられる仕事は、とても限られています。私の講演会で事前に流れる紹介《しょうかい》ビデオを、メディア局などが上手につくってくれたら、いろいろなことをやっているようには見えます。しかし、実際に成せることは数が限られていて、そのときどきに力を注いだ仕事が少しずつ残っていって、集計すればいろいろなことをやっているようには見えるわけですが、現実には「できないこと山のごとし」です。本当に、できなかったことのほうが、はるかに多いのです。

この「できないことの山」のなかで、そのとき、いったい何を選んでやるかということです。できないことが山のようにあるなかで、ほんの少し何かをやる。今年は何をやるか。去年はあれをやったから、今年はこれをやって、来年はこれをやるか。それはもう、「山のような難題のなかから、どれをやるか」という、その選びでしかありません。

ですから、その限られていること、つまり、仕事をすればするほど、「自分の仕事というものは本当に狭《せま》い、少ないもので、一生で成し遂げられることは、ほんのちょっとしかない」というのは、このとおりなのです。

自慢《じまん》する時間を短縮して、コツコツと努力する時間を増やす

そして、時間もまた、「光陰《こういん》矢のごとし」で、飛んでいくような速さで流れていきます。本当に嫌《いや》になります。

『平凡からの出発』を出したのは三十二歳の誕生日のときです。新たに出した『私の人生論』のなかでは、同じく「平凡からの出発」について語りながら「私の人生論」を説いたのですが、あれからまた三十二年たっているのです。この三十二

年間で何ができたかといっても、〝ほんのささやかなこと〟しかできていないので、残念至極《しごく》です。

今は真横ではないものの、絶壁《ぜっぺき》を登るところまではまだ行かずに、斜《なな》めぐらいの感じで登っているところでしょうか。こういったところで、自分としては「まだまだ絶壁を登るところまで行けていない」という感じはしています。

「まえがき」には、「自慢《じまん》する時間を短縮して、コツコツと努力する時間を増やすこと」だと書いてありますが、これは分かるでしょうか、どうでしょうか。意外に分からないかもしれません。

例えば、幸福実現党にいる人などがこの一行を分かってくれるだけでも、本当に助かるのです。「自慢する時間を短縮して、コツコツと努力する時間を増やすこと」。これだけ分かったら、幸福実現党への支援も倍ぐらいにはなるはずです。「自慢話をみんな聞いてくれなくて、だんだん、聞きに来る人が減っていっている」ということが、やっている本人には分からないのは残念ですけれども、よくある話ではあります。

宗教のなかにいると、世間と少しずれて感じて、〝逆〟になってしまうのです。私が言っていることとは〝逆〟で、成し遂げたことや成功したことは非常に大きく見え、世間のほうが大したことがないように見える場合もありますし、反対に、世間で活躍《かつやく》している人がものすごく偉《えら》く見える人もいます。

その両方があるのですけれども、ブレ方がやや激しいので、なかでの見方、外での見方、あるいは、トータル、全体で見て、このくらいの位置づけというのを分からないと、その差が残念なことになることが多いと思います。

2　嫉妬《しっと》するかわりに祝福せよ

他人《ひと》との比較《ひかく》や劣等感《れっとう》に苦しむのは「凡人《ぼんじん》」であるということ

　そのあとにも大事なことが書いてあります。本文《ほんぶん》を忘れたら、このあたりだけでも、どうぞ覚えてください。

「若い頃《ころ》の自分を変えた言葉が二つある。一つは、『嫉妬《しっと》するかわりに祝福せよ。』ということであり、もう一つは、『成功したら運がよかったと思い、失敗したら自分の責任だと思え。』という言葉である。」と書いてありますが、これがなかなかできないことなのです。

「嫉妬するかわりに祝福せよ」。これについて努力したのは、おそらく二十歳《はたち》前後の苦しみの時代でしょう。ほかの本では、八正道《はっしょうどう》の「正語《しょうご》」の教えに絡《から》めて書いていますし、当会の映画のなかで描《えが》いているものもあります。

ただ、実際、つぶさにいろいろなものを全部実現しているわけではないので、まだまだ足りてはいないのですけれども、この「嫉妬するかわりに祝福せよ」というのは、それほど簡単ではないのです。

「嫉妬心が出てくる」ということについては、若いうちであれば、嫉妬心というかたちでないのなら、競争心やライバル心など、「他人《ひと》との比較《ひかく》」ということになるでしょう。若いころは、「他人との比較」がほとんど八十パーセント、九十パーセントなのではないでしょうか。

学業においても、スポーツにおいても、それ以外の、例えば学校行事や活動、文化的な行事、それから男女のモテたりモテなかったりするようなことなども含《ふく》めて、八割、九割は「ほかの人との比較で苦しんでいる」というのが実情ではないでしょうか。

したがって、そうした、他人との比較に苦しみ、劣等《れっとう》感に苦しんでいる自分というものを見つけることができたら、それを私は、「あなたは平凡《へいぼん》だ」と言っているのです。それが普通《ふつう》の人だからです。そのように感じる人は「平凡」ということです。

さらに、もし、四十歳《さい》、五十歳、六十歳、それ以上の方が、まだ他人と競争したり、比較したり、地位の上下や収入の上下、顔が売れているかどうか、知名度など、そんなことでムラムラしたり、競争心が強く出てきたりするようであれば、それは、「凡人のままで全然変わっていませんね」ということになります。それは普通の人、凡人なのです。

少なくとも、人生の前半生、青年期までの若い時代であれば、それが当たり前なのです。他人と比べて劣《おと》っていたら悔《くや》しく思ったり、他人に対して、「あいつなんか失敗すればいい」と思ったり、「なぜ、自分には光が当たらないのかなあ」と思ったりするというのは、それはもう凡人なのです。

したがって、そういう目で見てください。そうすると、「ああ、凡人の定義がだいぶ変わってくるな」と感じると思うのです。

そういうことを言うのは当たり前の人間であり、これは、天国へ行くとも地獄《じごく》へ行くとも、まだ分からないみなさんなのです。それが凡人なのです。

日本人は成功者を引きずり下ろしがちなところがある

こうしたところは日本人には特に強くあり、結果平等型の社会を好むので、変わったことをすると村八分《むらはちぶ》にされ、成功したらもう帰ってこられなくなるようなところはあるのです。「成功者を見るのがあまり好きではない。だから、引きずり下ろす」ということです。

マスコミなども、原理的にはほとんどそうですが、成功した人を引きずり下ろすのです。最近では、官房長官《かんぼうちょうかん》から総理になった方がいますが、官房長官のときには悪口を言われなかったことが、総理になったら、もういろいろなことをたくさん言われていて、「ああ、やはり、役職の違《ちが》いで、けっこう出るのだな」とは思いました。厳しいものです。彼らには甘《あま》えもあって、「悪口を言ってもいいだろう。へこませてやることで、みんな心がスッとする」というぐらいの気持ちもあるのだろうと思います。

ただ、人の上に立つ人というのは、いちばん上に立てば、本当に、すべての責任は自分の「徳」の不足によるものであるし、「能力」の不足によるものであるわけです。

一倉定《いちくらさだむ》氏の経営論を読むと、「郵便ポストが赤いのも社長の責任だ」と書いてありますので、そう思っておかないとやっていられないということ、すべての責任がかかるのだということです。

それは、小さな会社でも言えるのでしょうけれども、大きくなれば、もっとそうでしょう。国のレベルになったら、もっといろいろなことがありますが、台風が来るのだって、コロナが流行《はや》るのだって、首相の責任なのです。首相の責任で終わらなければ、世界全体に広がっているので、もっと大きな責任になります。

誰《だれ》かに嫉妬していると思ったら、その理由を考えてみる

いずれにしても、自分が誰《だれ》かに嫉妬しているなと思ったら、それはなぜだろうかと、立ち止まって考えてみることです。

たいていの場合、嫉妬心を感じるのは、自分が興味・関心のある領域であり、自分が得たいと思っているような成功を得ている人を見たら、嫉妬心が出てくるのです。

先ほど音楽祭の話をしましたけれども、例えば、人前で歌を歌うのがとても好きで、カラオケで歌って「うまいね」とほめられたところで満足ができないぐらいの欲求が自分のなかにある人の場合は、他人がスポットライトを浴びて大勢の前で歌ったり、ＣＤを売り出したりしているのを見たら、「あいつは運がいいな。カラオケで歌ったら、俺《おれ》のほうがうまいのになあ」と、やはり感じるものだと思うのです。嫉妬心がここで出るのです。

ところが、歌が下手《へた》で、カラオケといったら、「勘弁《かんべん》してください。行きたくないので結構です」と言って逃《に》げるような人であれば、嫉妬心を感じないものなのです。

また、テニスなどを趣味《しゅみ》でやっているのはよいのですが、プロになって活躍《かつやく》したいというところまでの気持ちがある人ならば、「大坂《おおさか》なおみ選手が世界一を目指して健闘《けんとう》している」などというのを見ると、ムラムラッときたりするかもしれません。

自分がなりたいものに対しては、そのように思うわけです。

あるいは、まだ十八歳の少年というか青年が、プロで、かつて名人を取ったような人をパカパカと負かして、二冠《かん》を達成したりするのを見ると、どうでしょうか。

私の世代であれば、例えば、谷川《たにがわ》九段などは、永世名人《えいせいめいじん》にもなっていますが、すごかったのです。

きょうだいがいたと思いますが、お兄さんも頭がよくて、アマとして将棋《しょうぎ》を指していたと思います。お兄さんは東大に行って、アマのチャンピオンか何かにはなったとは思います。

田舎《いなか》に帰って、プロになった弟と、本気ではなかったでしょうけれども、余興で軽く平手《ひらて》で将棋を指してみて、お兄さんのほうが勝ったことがあったらしいのですが、やはり、お兄さんから怒《おこ》られたようです。

「いやしくもおまえはプロだろうが。プロたるものは、アマチュアのチャンピオンであるとはいえ、アマチュアに負けたら絶対駄目《だめ》なんだ。こんなに手を抜《ぬ》いた、田舎、自宅での将棋であっても、プロが負けるということは相成《あいな》らんのだ」と言って、お兄さんは永世名人にもなる弟を叱《しか》ったとのことです。

弟のほうは弟のほうで、兄は頭が悪いので東大へ行ったと言ったりしていたように思うのですが、このあたりは難しいところです。

要するに、関心がある領域なのだということです。

嫉妬心の発見をして、自分が何に嫉妬をするかを見れば、自分の興味・関心のあるもの、もしかしたら表面意識で気づいていないものにも気がつく可能性はあります。「ああ、嫉妬するなあ」と思ったら、心のなかに、そういうふうになりたい気持ちがあるということです。

それが、どの程度のものか。一過性のものなのか、それとも、本当に「ずっと時間をかけてやっていきたい」というようなものなのか。このあたりについて自分を見つめて、努力すべき方向であるならば、やはり何年もかけて努力していくべきです。他人がスッと上がったものを、自分は上がれないかもしれないけれども、長くやっていれば成功していくので、やるべきだと思います。

その間に、悔しい思いとか、他人をバカにする思いとか、他人に対する悪口、批判などがたくさん出てくるのが凡人なのです。

嫉妬する相手を理想像と認めて祝福すると、どうなるか

「平凡からの出発」というのは、私もみなさんと変わらず、若いころは、そういうものを見たら、やはり、凡人として、十分に競争心を感じたり、嫉妬したり、

「うまいことやった」とか、「ヤマが当たったたんだろう」とか思うような気持ちはあったということを率直《そっちょく》に認めているわけで、その心のあり方を変えようとして努力しました。

また、『私の人生論』のなかには、渡部昇一《わたなべしょういち》先生の例なども引いてあります。そこで言われている「祝福しなさい」というのはキリスト教的な考えだったと思います。自分が嫉妬している相手というのは「自分の理想像」なので、深層心理の面から言えば、嫉妬したり批判したり非難したりするということは、それを自分から遠ざけようとしていることに当たるわけです。そのように何度も繰《く》り返し言っていると、表面意識的に言っていることでも深層心理まで入ってくるため、本当はそれが「自分がなりたい自分」なのに、それを遠ざけてしまって、そうならないようになっていくのだということです。

したがって、「そのように近づいていきたい」、例えば、「名人に近づいていきたい」「プロの選手に近づいていきたい」「プロの棋士に近づいていきたい」という気持ちを本当に持っているのだったら、その人を否定したり批判したり、悪口を言ったりするのではなくて、祝福しなくてはなりません。

もし、六十歳を過ぎた人が、「すごいですねえ。十八歳でタイトルですか。これはすごい。これで、若い人のやる気が出るだろうし、世間《せけん》の景気も少しはよくなるかもしれない。これはいいことだ。若い人が活躍するのはいいことだ」と言えるなら、それはよいことだと思います。

逆に、六十歳を過ぎた人が、「こんなの、おかしいじゃないか。十代ぐらいで頂点まで行って、もう四十年もやっている先輩《せんぱい》をコロッと負かしたりするのは、こんなの許せん。許しがたい。これは間違った世界だ」と言ったなら、「もうちょっとハンディをつけるべきだ。年齢《ねんれい》でハンディをつけないと駄目だ。年齢が四十歳も開《ひら》いているんだったら、四十歳上のプロ棋士は四十手を先に指させてもらって、それから勝負したらどうだ。絶対に勝つから」などということになるかもしれませんが、このあたりはとても難しいことです。

だから、どの道も大変なのです。これはたとえとして述べていますけれども、みなさんがどういうものに嫉妬したり、関心を持ったり、競争心を感じたりするか、私は知りませんので、それはいろいろな分野であるのだろうと思いますが、どの道も大変です。

ただ、大変ではあっても、悪口を言ったり批判したりしたくなる気持ちを何とか乗り越《こ》えて、「それは自分の理想像なのだ」と知り、「それに近づいていきたい」と思っていたら、その人との人間関係もよくなるのです。

「ああ、すごいですね」「頑張《がんば》っていますね」「勉強ができますね」「お美しいですね」「歌がうまいですね」というようにほめると、相手は、「いや、それほどでもありません」と言いながらも、例えば、「どうやったら、そのように歌えるんですか」と訊《き》けば、「こういうところを、このようにしたら、もう少しうまく歌えるようになりますよ」という感じで教えてくれるようになります。

そのように、批判するより、きちんと認め、祝福してあげると、むしろ、その成功の結果を引き寄せることになるのです。簡単なことなのですが、この深層心理というものを知らないと、人間は〝逆〟をやります。この「逆をやる」のが凡人という人たちで、私も含め、若い人から中年、それ以上の層の方々も凡人の山であろうと思います。

したがって、そのあたりをどうか知っていただきたいと思います。

高学歴なのに、あまり偉《えら》くならない人の特徴《とくちょう》とは

特に、若い人の場合には、勉強で成績がよければ、天下を取ったような感じになり、貴族になったような気分になって、「階層制社会の上のほうに行ける」という気になると思います。

「入り口」の招待状としてはそういうところがあるのですが、ただ、それは五年も十年も二十年も通用するものではありません。

例えば、総理大臣候補として自民党で三人が競争していましたが、そのなかには、

一流の学歴を持っている方もいたと思います。しかし、その一流の学歴を持っている方が、なぜ、そうでない方に、事前に負けてしまうことが分かるのかというのは、非常に不思議なことです。偏差値《へんさち》だけで考えるともう決まっているようなことなのに引っ繰り返り、なぜ引っ繰り返るのか、その要素がよく分からないわけです。

こういうことで苦しんでいる人は数多くいると思うのです。当会のなかにもたくさんいます。「高学歴なのにあまり偉《えら》くならなくて、おかしいなあ」と思っている人はいると思うのです。

想像してみるに、それは、『私の人生論』に書いてあるように、自慢癖《じまんへき》があるか、他人《ひと》に対してシビアなことを言う癖《くせ》があるか、「ほかの人から人気がない」ということについて気がついていないか、そういう人でしょう。

その人が入るとチームができない。「みんなでチームをつくって、仕事をやり遂《と》げよう」というような仕事ができなくなる。その人が入っただけで異物感ができ、やれなくなる。ほとんど、こういうことだと思うのです。

こういうことがあると、だんだんに、使いにくくて外されたりし、「一人だけでやっていてください」という感じになってきます。

「自分は、高偏差値のいい学校を出ているのに、上に上がれないのはおかしい」などと言い、「身分制社会のはずだ」と思っていても、そうはならないのです。そうしようとしてもなりません。まことに不思議なのですが、みんなの意思でだんだん沈《しず》んでいき、そうでない人が上がってくるのです。

「平凡からの出発」で物事を考え、「自分も、もともと素質は平凡ですので、努力を続けていかないと、なかなかみんなに追いついていけないし、お役に立てません。ですから、長く頑張らないといけないし、どんな雑用からでもさせていただきます」というような感じでやっている人が、だんだんだんだん上がってきます。時間をかけると、あとから上がってくるのは、ほとんどがそういう人なのです。見ているとそうです。

謙虚《けんきょ》な心を持ち続けられないと、四十歳《さい》前後で篩《ふるい》にかけられる

それから、若いときだけ処世術で上手に動くような人もいます。

秀吉《ひでよし》は、信長《のぶなが》の草履《ぞうり》取りだったころ、寒い日に草履を胸で温めながら待っていました。そして、夜、殿《との》が出てきて厠《かわや》に行くときに、その草履を出したら、草履が温かいので、「おまえ、この上に座《すわ》っていたな」と言われました。

秀吉は、「いえ、座っていたんじゃありません。この胸を見てください」と言ってパッと懐《ふところ》を開けると、胸に草履の裏の跡《あと》がついていて、「胸で温めておりました」と言ったので、「よしよし」ということになりました。

これは出世の手本のようなもので、若いころというか、雑用をやっているときには、そういう気の回し方で〝得点〟をあげたりする人もいるのですが、たいていは四十歳《さい》あたりが境目なのです。

四十歳ぐらいになると、もう、そんな雑用など、人の下で補助するようなことが

嫌《いや》になってくるのです。嫌になってきて、「ああ、四十を過ぎたし、もうやっていられない」という感じで、本性《ほんしょう》がガーッと剝《む》き出しになってきます。「おまえより俺のほうが頭はいいだろうが」とか、「家柄《いえがら》がいいだろうが」とか、「実績はこっちのほうが上なんだぞ」とか、そういう感じで、五十、六十代の人に言い始めるのです。

だいたい、このあたりは隠《かく》し切れません。若いうちには、多少、処世的な動きができるのですが、四十歳ぐらいになると、たいていはできなくなるのです。

若いころに有望株と思われ、周りから「こいつは偉くなるんだろうなあ」と思われていたような人が、四十歳前後で篩《ふるい》にかけられます。謙虚《けんきょ》な心を持ち続けられない場合には、何となく疎《うと》まれていく感じになるのです。

この謙虚な心を持てない場合、あるいは、人を出し抜いたり、人が見ていないような裏道を通って何とか這《は》い上がろうとしたり、コネなどいろいろな手を使って上がっていこうとしたりするのを見ると、周りはだんだん嫌になってきて、予想外に、

「あれ？　若いころには、あんな感じで、よく動いていたのになあ。こんなになっちゃうんだ」と思うようなことがあります。

細《こま》かいことばかり言う人は、大きな組織をマネジメントできない

そのように、ちょっとコネとか裏道を使って、上に上がろうとする人もいますが、あるいは、逆に、頭のよさが災《わざわ》いして、細《こま》かいことばかりに頭がいくようになる人がいます。これは秀才によくいると思うのですが、細かいことばかりを、針でつつくような感じで言う人が出てくるのです。これが頭の進化だと思っているのかもしれませんが、残念ながら、それでは大きな組織をマネジメントするのは無理になってきます。

小さいところを自分一人でやっているうちは、確実で百パーセント間違いのない仕事をするのはすごいことでしょうが、人を使って仕事をするようになると、全部は見切れないので、ある程度、任せなくてはいけないし、信頼《しんらい》しなくてはいけない

し、やはり重要なところでは指摘《してき》してアドバイスしなくてはいけません。

そして、自分が見切れなかったことについても、「俺が責任を取るから、勝手にやっておけ」というような懐《ふところ》の大きさが必要になってくるのです。

それが四十歳からあとの世界だと思うのですが、そういうときに限って、今度は、頭が細かくなり、小さく回転しているので、細かいことばかりを言っている人もいます。これも、なかなか部下が使えない人になり、だんだん置き場がなくなってくるタイプの一つです。

そうしてみると、「いやあ、人生はなかなか修行《しゅぎょう》だなあ」とつくづく思います。

若いころには、頭が細かいと、センター試験や共通テストなど、いろいろなものを限りなく満点に近づけることができたのだろうと思いますし、もしかしたらTOEIC《トーイック》などでも同じことはあるかもしれません。

しかし、「ミスを犯《おか》さない」ということが本当にできるとしても、ほかの仕事ができるわけではないかもしれません。個人としては細かく正確にできるのだけれども、「人が使えない」「人がついてこない」「人が動かせない」ということであれば、これは、残念ながら、能力はあると思ったのに出世できないこともあるでしょう。このあたりの機微《きび》をよく知っておいてほしいのです。

まずは、「嫉妬するかわりに祝福せよ」という言葉を贈《おく》っておきたいと思います。

3　成功したら運がよかったと思い、失敗したら自分の責任だと思え

松下幸之助《まつしたこうのすけ》氏が語る成功の秘訣《ひけつ》とは

もう一つは、「成功したら運がよかったと思い、失敗したら自分の責任だと思え」ということです。これは、実はきついことなのです。本当にきついことです。

普通《ふつう》はこの〝逆〟になり、成功したら、「自分がやったのだ」と考え、「やってやったんだ！　あれだけ頑張《がんば》ったから、できたんだ！」「自分のアイデアがよかったんだ！　自分がこう言ったから、この企画《きかく》が当たったんだあ！」というように、「自分が、自分が」と言ってしまうのです。

それは若くても言ってしまいますが、年を取っても、やはり言ってしまいますし、

社長になってても言ってしまいます。どうしても言ってしまうのですが、「そうはならないように努力せよ」と言っているのです。

成功したら、「ああ、運がよかった」と言うのは、松下幸之助《まつしたこうのすけ》さんなどが典型でしょう。私の学生時代に、東大の「駒場祭《こまばさい》」に来てくださったと思いますが、「成功した秘訣《ひけつ》は何ですか」と質問されたら、「九十パーセントは運ですなあ」と平気で答えていました。

それに対する東大生の反応は、どうだったと思いますか。みんなで笑ったのです。「九十パーセントが運です」と言われたら、バカバカしいので、「アッハッハッハッハハッ」と、みんなで笑っていました。

成功の秘訣、「これで成功する」という秘訣を、パッパパッパッと教えてほしいわけで、「これをやれば、君、成功するよ」と言ってくれればいいのですけれども、「運ですな」と言われたので、「バッカバッカしい。成金《なりきん》が。成金おやじめ」などと思ったのでしょう。だいたいの人はそんな感じで、「成金おやじ」というぐらいに思ったようでした。

ただ、本当に大きな成功をしたあとで、「成功したのは運がよかったからだ」と言える人というのは、本当は凄《すご》みがあるのです。

若くてもう少し会社が小さいうちならば、何かがヒットしたとき、「これは運がよかった。企画がたまたま当たりました」と、そのくらいの謙虚《けんきょ》なことを言えるかもしれません。しかし、三人でつくった会社が連戦連勝をして大企業となっていき、世界企業になって三十万人もの雇用《こよう》を生んだのに、「ああ、これは運ですなあ」と言ったわけです。

これは言えないものですけれども、自分の力を小さく見て、自分以外の人の力を大きく見たり、「天の力、神仏の力、高級霊《こうきゅうれい》たちのご指導の賜物《たまもの》だ」という気持ちを持っていたりするということは、この人にまだ成功する余地が残っているということを意味しているのです。「全部、私の手柄《てがら》です」と言ったら、もう、だいたい、運はそこで尽《つ》きたと見ていいと思います。

このあたりのことは、どうか忘れないでいただきたいと思うのです。

「失敗は自分の責任だ」と言える人は、器《うつわ》がそれだけ成長している

「失敗したら自分の責任だと思え」というのはきついけれども、これも器《うつわ》の成長なのです。失敗したことを自分の責任だと言える人は、やはり、器がそれだけ成長しているわけです。

「私の失敗じゃありません」「これは誰《だれ》それの失敗です」などと言ってのける人もいるでしょう。あるいは、「先生が一年前におっしゃったとおりにやったら、失敗したのです」と言う人もいるでしょう。ごもっともかもしれません。そのとおりなのかもしれません。

私などは一年前にした命令を忘れていることもあるので、おそらく、そういう場合は、たいてい「そうだったかなあ。それを撤回《てっかい》するのを忘れていた」というぐらいのことだろうと思うのです。

「一年前に先生がそう言ったから、そうしているのです」と言われても、「あっ、知らなかった。もう、たくさんいろいろなことを言っているから、一年もたったら、そんな指示を出していたのは忘れていた」ということになるでしょう。だいたいそのようなものです。

私の場合であれば、「それはすまなかったなあ。忘れていた」という感じになると思います。ただ、「君は、それを知っていたのなら、『どうにかしないといけない』と思わなければならなかったのではないですか？」と、やはり言いたくなることはあります。

「君は、それをずっと知っていたのだろう？　一年間、知っていたのだろう？　なぜ、それを言わなかったのですか？　『こう変えなければいけないのではないですか？　状況《じょうきょう》が変わりましたよ。今はこうなっているのではないですか？　こう変えなければいけないでしょう』と言うべきです。知っていたのに言わなかったのは、君の責任ではないですか」と、言おうとすれば言えます。松下幸之助さんのように言おうと思えば言えるわけです。私はそこまで言いませんけれども、言おうと思えば言えます。

ですから、他人《ひと》の責任だと思っても、自分の責任でもあるわけです。

映画「夜明けを信じて。」に描《えが》かれた、「言い訳をするな」という教訓

これは、映画「夜明けを信じて。」にも一部描《えが》かれているところがありました。上司が、新入社員だった主人公に、失敗などを理不尽《りふじん》にたくさん指摘《してき》してくるのです。それに対して、「いやあ、あのー……」と言い訳をしていたと思います。

今、国会中継《ちゅうけい》を観《み》ていても、官僚《かんりょう》は言い訳を言い続けているし、政治家も言い続けているので、習性として、仕事としては、そういう人もいるのだろうとは思うのです。しかし、私が会社勤めをしているときには、やはり言い訳は許されませんでした。

課長が怒《おこ》ることについては、課員は十数人いるので、本当は誰がミスをしたか分

からないところがあります。連動しているため、分からないところがあるのです。

ですから、自分がやったものではなくて、隣《となり》の人とか、向かいの人とか、斜《なな》め向こうの人がした失敗について、課長が私に怒鳴《どな》ったり怒ったりしてきたら、やはり、「それは理不尽だなあ。他人の失敗を私のせいだと言っている」と思って、最初ははっきりと言い返していました。

映画ではそろばんを投げられるところが出てくるのですが、これはいちおう、HSUの卒業生たちが、就職するときに「この企業はブラックだ」とかどうだとか、いろいろと言っているのを耳にして、そのシーンを入れました。

「暴力的だ」とか、「段ボール箱を投げられた」とか、「だから辞《や》めた」とか言っているのをちょっと聞いて、「ああ、その程度で、それはいけないな」と思い、「主人公がそろばんを投げられているところを映画に入れておいてください」と言って入れたのです。

「えっ、総裁先生はそろばんですか? 課長席からそろばんを投げられて、それで辞めなかったんですか？」と言われましたが、「そんなことで辞めるわけがないでしょう」と答えました。

「そろばんも使えないのか」と課長が言うので、「あのー、東京大学でそろばんを教わらなかったもので、使えません」と言ったら、「バカヤロー！　言い訳をするな！」というような感じで怒られたのです。

向こうも無茶を言うものです。商業学校ではないので、そういうものはやっているわけがありません。

昔、商社は商業学校の卒業生も採っていたので、やたらとそろばんのできる人や暗算のできる人がいたことはいたのです。私の少し上の年代には、そういう人もいました。それはもうパーッと暗算でやってしまうから数字は間違《まちが》えないし、億や十億、百億の単位のものの足し算・引き算でも、パッと見たら間違っているかどうかぐらいはすぐに分かるような数字感覚を持っている人もいたのです。ただ、残念ながら、学校教育でやってきた私などは、そこまではできませんでした。

もっとも、ゆとり教育ではなかったため、二桁《ふたけた》ではなかったと思いますが、三桁《みけた》ぐらいまでの足し算・引き算は小学校でやった覚えがあります。今は三桁でもあまりやらないかもしれませんが、昔は三桁ぐらいはやったと思います。丸の数字が多く付いていて、桁がたくさんある足し算・引き算になると、やはり間違いが出てくることはありましたが、「『ああ、間違えましたね』と言って、それで済むと思っているのか」という問題です。

実際、私の仕事としては、数字だけで見ているので何でもないのですけれども、現実のほうでは、取引先とか銀行とか、いろいろなところに絡《から》んでいるわけですから、これは「『一つ桁を間違えました』で済むと思っているのか」ということがあります。

映画のなかでは、「円」と「ドル」を間違えたという、当会では有名な話を使っていますけれども、実際にやったことがあるのです。

普通は、書類が「ドル」のものばかりなのです。ほとんど、輸出入はドルでやっていました。いつもドルでやっていて、それに慣れているので、ドルで書いてしまったのですが、よくよく見てみたら「円」だったということがあったのです。

手形を作成することがあったのですけれども、請求《せいきゅう》手形を作成するのに「ドル」と「円」を間違えたのです。本当は円建ての二千七百万円のものを、ドル建ての二千七百万ドルにして私のほうの原稿《げんこう》に書いたものだから、キーパンチャーのほうは平気でそれをそのまま、当然打ちました。「二千七百万ドル」と私が書いたとおりに打ったので、「おまえ、二千七百万ドルって幾《いく》らか知っているのか」と課長に言われたわけです。

一ドル百円として数えたとすると、二十七億円です。これが一ドル三百円だったら、二十七億円では済まないでしょう。八十億円以上の額になります。八十億円と二千七百万円を間違う男というのは、もうクビにしてやりたくなるぐらい、課長は腹が立つでしょう。

私としては、間違えたのは一字です。「$」「ドル」を書くか、「¥」「円」を書きますが、円と書くのを「¥」を書かずに、「$」を書いたのです。いつもはそうなのです。ほとんどは「$」なので、「ドル」なのです。

そのように、「いや、しまった! これは円だったか」ということがありました。前の晩に酒を飲んでカラオケなどに行くと、こういうものが一つぐらい出ることがたまにあるわけです。ボーッとしているから出るのですが、許してはくれません。向こうからすれば、「根本的な問題だ」というわけです。

「外国為替《かわせ》課にいてドルと円を間違えるのは、これはもう、〝打ち首〟に値《あたい》するぐらいの根本的な間違いだ」と言うのですが、たぶん、おっしゃるとおりだろうと思います。銀行の支店であれば、一円が合わないだけでも、もう夜中まで帰れません。「一円、どこに行った? この一円は」ということで、帰してくれませんから、円とドルを間違うような人が外為《がいため》にいるなどというのは許せないことでしょう。それは、機会があったら、そろばんぐらいぶつけたくなるかもしれません。

そういうものは映画でも一部描いてあり、先輩《せんぱい》から「言い訳をするな」と怒られているところもあります。

ほかの人の失敗の分まで自分の責任として受け止められるか

また、ほかの人が失敗したことでも私が怒られるということはけっこう多かったのですけれども、かなり長くやっている女性の方などは、「課長はちゃんと人を見て言っている。能力があると思った人には怒るんだ。能力がないと見た場合は、もう怒らないんだ」と言っていました。

それは慰《なぐさ》めかもしれませんが、「あの課長が怒るというのは、能力があると思っているから怒っているんで、能力がなくて、すぐにクシャッと潰《つぶ》れると思ったら怒らないんだ」と言ってくれたのです。何だかほかの人たちの代わりに怒られているような感じもありました。

そういうこともありますが、結局、自分の失敗の言い訳だけでなく、ほかの人の失敗分まで、「確かに、私が注意すればできたかな」などと思えるかどうかです。

とにかく自分が失敗したことの言い訳をするのが普通ですけれども、それは凡人《ぼんじん》です。

そうではなく、「ほかの人の失敗」まで「自分の失敗」だとして怒られても、それを受け止めることができるかどうかということです。例えば、課長や部長、役員、あるいは社長になったら、自分がやっていないことの責任も、やはり取らされるわけです。これは厳しいことです。

今、現時点では何も結論は出ていませんが、コロナ関連では、公式にはすでに五百社が潰れたと言われていますし、現実に街を歩いてみると、潰れている店舗《てんぽ》等はものすごくあります。会社全体としてはまだ潰れていないとしても、店舗では潰れているものがもっとはるかにあると思いますし、大きな会社もこれからゆっくり潰れていくと思うのです。

例えば、JRとか、ANA《エーエヌエー》だのJAL《ジャル》だののレベルで倒産《とうさん》するなどということになると、社長に責任は出るかもしれませんが、都知事や政府の命令で「移動しないでください」「旅行は控《ひか》えてください」というように言われれば、これはもう、客を乗せようがないでしょう。言い訳もつかないような事態が起きているわけです。

これで責任を問われずに済むのかどうかは分かりませんけれども、少なくとも何か示しはつけなければいけないだろうと思います。

もっと小さく言えば、午後十時以降の営業をしていたようなお店なども、みな一律に網《あみ》をかけられましたけれども、店によって性質の違いがあっただろうとは思うのです。

例えば、閉店時間が午後十時までの場合、だいたい九時ごろまでしか客は入らないでしょう。そうすると、二次会用のお店のようなところにはなかなか客が来なくなって、厳しいはずです。これはもう、責任を取るも取らないもなくて、「店が潰れるか潰れないか」というだけの問題でしょう。

そのようなわけで、結局、小さなお店であろうと、何万人も使っている大会社の社長でトップであろうと、「通常にやっていて失敗したわけではないから、自分の責任ではない」というのは通らないのです。

通常でないこと、不意に起きたこと、突然《とつぜん》起きたこと、あるいは、自分たちの責任外で、天変地異その他、政府の判断とか、ほかの国との条約とか、いろいろなものでガーッと変わってくることがあります。それでも、やはり責任を逃《のが》れることはできないのです。

ですから、失敗したら自分の責任だと思える範囲《はんい》が広がってくる人、あるいは、叱《しか》られたり、「おまえのせいだ」と言われたりしても、黙《だま》って「そうです」と受け止められる器が大きくなる人ほど、実際はもっともっと出世していくことを意味しているわけです。逆説的に見えるかもしれませんが、これは本当のことなのです。

このような簡単な悟《さと》りでも、たぶん分からないだろうと思いますけれども、実体験していくと分かると思います。

幸福の科学の理事長などは、よい例なのではないでしょうか。理事長が何をしているかなど、私は知りません。いつもは座《すわ》っているようなので、〝痔《じ》が悪くなる〟

のではないかと心配はしていますが、何らかの判断機能を持っているかどうかなど、私のほうはまったく考えてもいないのです。

何かしているやらしていないやら、全然知らないのですけれども、どこかで問題が起きて失敗したということがあれば、これは分かるので、「そこが失敗したのなら、理事長が悪いのだろう」と、このようなものです。

因果《いんが》関係はそういうものです。「あれは、どうにかできたでしょう？　やろうと思えばできたのに、しなかったのでしょう？　あなたの指示がなかったからです。だから、あなたが悪いのです」と、こういうものです。そうは言いませんけれども、そう思っています。

上に立つということは、だいたいそういうことです。自分がやっていないことに対しても責任を持たないといけないわけです。ですから、これは知っておいてください。

「嫉妬《しっと》するかわりに祝福せよ」「成功したら運がよかったと思い、失敗したら自分の責任だと思え」、この二つを知っているだけでも、みなさんはけっこう成功すると思います。

これに引っ掛《か》かる人、つまり、自分より得をした人には嫉妬して悪口を言う人、あるいは、成功したら「自分の手柄だ」と言い、失敗したら「あいつが悪かった」と言う人は凡人です。

しかし、「私はみなさまがたと、別に変わったところのある人間ではありませんでした」と言っているわけです。同じようなところは確かにありました。ただ、そこから考え直していくようになったということです。

4 機械的に働く習慣を身につけよ

「仕事が遅《おそ》い」と言われたら、未来は限りなく厳しいと心得《こころえ》る

それから、三つ目に「機械的に働く習慣を身につけよ」ということを言っていますが、たぶん、これはあまり分からないと思うのです。

「習慣をつけろ、習慣をつけろ」と言っているけれども、小学校の先生が「歯磨《はみが》きの習慣をつけなさい」とか、「うがいの習慣をつけなさい」とか、「テストを出す前に、出席番号と名前が書いてあるかどうか、見直す習慣をつけなさい」とか言う、そのくらいに見えているかもしれません。

ただ、現実はそういうことではないのです。実際に多くの量の仕事をした人なら分かることではあるのですけれども、自分の調子のよいときだけ仕事ができるとい

うのでは駄目《だめ》なのです。

自分のことを天才肌《はだ》だと思っている人は、自分の調子のよいときに一気呵成《いっきかせい》にやり、あとは遊んで暮らすなど、いろいろなことをして気を紛《まぎ》らわしている人がけっこう多いのです。

酒を飲まないとできないとか、友達と会わないとできないとかいう人もいるでしょう。小説家でも、小説家仲間で酒を飲んで情報交換《こうかん》をだいぶして、締《し》め切りギリギリにならないとできないとか、書けない場合は家族に当たり散らすとかいうこともあると思うのですけれども、そういうことでは、実際は長くはもたないので、やはり、淡々《たんたん》とやっていける仕事術を身につけなければ駄目なのです。

サラリーマン全般《ぜんぱん》、それから、それ以外の仕事にも言えるかと思いますが、「仕事が遅《おそ》い」と言われた場合は、「能力がない」と言われたのとほぼ同じなので、それは心得《こころえ》たほうがよいでしょう。未来は限りなく厳しいと言えます。

それは、できたらご家族も知っておいたほうがよいと思います。ご主人の仕事が速いか遅いか、どちらに言われているかは知っておいたほうがよいでしょう。いつも「遅い」と言われているなら先行きは厳しいので、貯金するなり副業を考えておくなり、早めに手を打っておかないと、それは、将来は厳しいことを意味しています。

「仕事が遅い」と言われるというのは典型的ではありますけれども、かなり厳しいことです。

教科書の丸暗記だけでなく、将来のために教養を広げる努力が必要

私自身については、この『平凡《へいぼん》からの出発』、後《のち》の『若き日のエル・カンターレ』（前掲《ぜんけい》）のなかで、「自分は予習型の人間ではなく、復習型の人間だった」というように書いてあります。

学生時代はそうでした。現実に、小学校や中学校などではそうだったと思います。塾《じゅく》などではだいたい先取り学習で、予習的に、学校でやっていないようなところ

を教えたりしていたと思いますし、家庭教師などをつけてそのようにしている人もいたようです。

私にはそういう人もいなかったので、初めての授業を聴《き》いて理解し、復習してやっていくような感じが多かったと思うのですけれども、だんだん変わってはいきました。大学あたりから、大学の勉強だけではなく、それ以外の、将来要《い》るかもしれないと思う領域をいろいろと耕《たがや》していったので、少しずつ変わっていっているように思うのです。

特に関係があるわけでもないのに、ときどき引き合いに出して申し訳ないとは思うのですけれども、今、三十七歳《さい》で、東大首席卒業の〝全優〟弁護士という女性がいます。

彼女は、東大だけでは足りず、財務省へ入り、その後、ハーバード大学に留学してオールAを取り、アメリカの弁護士資格も日本の弁護士資格も持ち、今は信州《しんしゅう》大学の准《じゅん》教授などもしている方です。

最近は、友達に、「私はこれだけきらびやかな経歴があるのに、なぜ結婚《けっこん》ができないの？ 彼氏ができないの？」ということを訊《き》いて、「ちょっと隙《すき》をつくったほうがいいんじゃないか」などとアドバイスを受けていて、なるほどそうかという感じで、いろいろ隙をつくった話を書いているのですが、「これだけ隙をつくって、失敗話をたくさんしているのに、これ以上、何をやれというの？」というようなことを言っていました。

こういう人は、その自分の「成功の方程式」というか、成功のコツが、実は「失敗の方程式」にもなっているということに、まだ十分に気づいていないのではないかと思います。

「大学三年生のときに司法試験に合格した」というのはご立派だとは思いますが、七科目ぐらいある司法試験の勉強の仕方を見たら、その教科の標準的な、基本的なテキスト、試験にいちばんよく出るテキストを選び、それを七回繰《く》り返し読んで暗記するという仕方でした。そうしたら一発で受かったということであり、ほかの試験もみなだいたい同じパターンで、七回読んで暗記するというスタイルなのでしょう。

それはそれでよいのですけれども、東大を出ている人には、成績で「優」の数などが同じでも、二種類のタイプがいるのです。小説等、いろいろとほかのものなども読んだりして教養をつけているタイプの人と、本当に学校の成績のためだけの勉強をしているタイプの人という、二つの種類の人がいるわけです。

以前にも述べたことはありますが、私は、この「無用の学」というか、いろいろな本をたくさん読んでいたほうなのです。これは、知識欲があったのだと思います。

私が大学四年のときだったか、友達のところに呼ばれて行ったことがありました。その人は、成績はよかったのですけれども、そこへ行くと、本当に部屋のなかに本がないので、「あれ? あれ? あれ? 本は、書庫か書斎《しょさい》か、どこかに本の置き場があるのかな」と最初は思ったのですが、そういうものはないのです。「ここだけだ」という所には、二段に区切ってあるカラーボックス一個しかなく、入っているのは大学で使った教科書だけなのです。そこには二十数冊の教科書だけ入っていたので、「君、本はこれしか持っていないの？」と訊いたら、「うん、そうだよ」と言ったのです。

成績はそこそこよかった人ですけれども、それは、カラーボックスにある二十数冊から三十冊ぐらいの本を読んだだけの人と、当時、公称《こうしょう》千四百冊読んだと言いつつ、もう少し読んでいたかもしれない私とでは、成績はそれほど変わらなかったかもしれませんが、おそらく、だいぶ違《ちが》いはあったでしょう。

私の部屋は本が多く、本当に寝《ね》る所がないため、最後はもう本の上に布団《ふとん》を敷《し》いて寝たというぐらいまで行っているので、大変ではありました。ただ、その後も私は勉強し続けていますし、何万冊と言わず本は読み続けているとは思うのです。

ですから、同じ「平凡からの出発」ということで三十二年後に話をしても、その二つの間には、私の読書量が少なくとも何万冊かは乗っているはずです。

そのように、自分の興味・関心のある領域を増やし、だんだん教養等を広げていき、いろいろな雑学などもしていかなければ、創作というのは難しいのです。創作というのは、そのように、いろいろなことに関心を持ったりしていることで、インスピレーションが湧《わ》いてくるものなのです。

大学で「優」を取るためには、教科書だけを丸暗記すればよいかもしれませんが、そういう創作の世界、あるいは新しく起業したり、ベンチャーをしたりして、アイデアを出しながらやっていく世界で成功しようとしたら、そのやり方では通用しないのはすぐに分かることで、小さな雑誌の記者でさえ務まらないのは、もうほぼ確実です。そういう雑誌記者でも務まらないでしょう。

そのように、受け身で成績をつけてもらうことだけを考えている場合は駄目で、やはり、自分から、将来に必要だと思うものや、関心のあるもの、憧《あこが》れるものなどについての準備をしていくということが、とても大事なことだろうと思います。

このあたりについて、どの程度で満足するかは、個人によって差はあります。

簡単に出来上がらず、何かを進めないといられない気持ちをつくる

また、もう一つ付け加えて述べると、「簡単に出来上がらないこと」ということがあります。この言葉もよく使っているのですが、人は、本当に簡単に出来上がってしまうのです。

例えば、芸能系に引きつけて言えば、幸福の科学の映画や歌など、何でもよいのですけれども、主演またはそれに近いような役を演《や》らせたり、あるいは、歌でも、主題歌などを歌わせたりしても、やはり、一作や二作ぐらいで〝出来上がる〟ような人が出てきます。ただ、そういう人の場合は「あとがないことが多い」のです。

また、同じような役が二回三回と回ってはこないので、違う役をしなければいけなくなります。その場合には補助役をすることになり、脇役《わきやく》などの、その正反対の役になったりします。

そのように、いろいろな役があるので、どんな役でも引き受けて肥《こ》やしにし、あ

る程度、どういう芸の幅《はば》でもできるところまでつくっていかなければ、タレント人生として長くもたないのは確実でしょう。

ところが、例えば、そういう主演級の役をやったりしたら、「もうほかのはできない！」などと思っているのであれば、あっという間に干されて食べていけなくなります。そういうことはあるので、簡単に出来上がるということは実に怖《こわ》いことなのです。

幸福の科学の初期のころの私の本を読むと、「本が十冊出ました」「二十冊出ました」というようなことも書いてありますし、十冊、二十冊と書いたころは、私は胸を張って、それを言っていたわけです。

ところが、その後、何百冊とか、千冊、二千冊となってきたら、そういうことはあまり言わなくなってきました。そして、「出版が勝手に広告しているだけだろう」と思うようになり、自分が「やりたい」と思うこと、「やらねばならない」と思うことを、ただただやり続けるのみという感じでやっているのです。年に二百冊以上出ていることもあるのですけれども、私は、ここ二十年ぐらい、二十年以上になるかもしれませんが、印税等は受け取らずに寄付しているので、私個人にとっては、書こうが書くまいがどうでもよいことなのですけれども、やはり、実際に言うべきことがあったら言い続け、それを本にし続けている状態ではあります。

ただ、一人の作家で出版社まで持てるというのは、それほど簡単なことではありません。

例えば、「夏なのに、出版関係者や編集関係者がみんな、いつも仕事であっぷあっぷ言って、残業代も出ずに働かされて怒《おこ》っているだろうな」ということは想像しながらやってはいるのです。そして、いつも、「すまないな、天邪鬼《あまのじゃく》で。みんなが休みたいときに限って働きたくなるんだよ。悪いねえ」と思ってはいるわけです。

夏休みなどが来たら本当にやる気が出てきて、急に何か仕事をしたくなってくるのです。みんな休みたくてしかたがないのに、「総裁先生は天邪鬼だな。休みを取りたいと思うときには、やたら原稿《げんこう》のもとをつくってくる。だいたい、日曜や月曜など、総合本部が休みになると、何だかんだとたくさん仕事をつくり出してくるので、また出てこなければいけないのか」というようなことが多いのです。

もっとも、総合本部のみなさんが働いていないと波動《はどう》がすごくよくなって、もう精妙な波動になるので、「うわあーっ、インスピレーションが降りて降りてしかたがないね。これでみなが仕事を始めるまでもつだろうか」と考えたら、「もたないだろうな」と思うので、やはり話してしまったりすることがあるわけです。申し訳ありません。責任は、どうぞ、九次元、十次元のほうまでご追及《ついきゅう》くださいませ。

そのように、この世の原理と合わないことがよくあるものですが、働き続けてはいます。

これは、惰性《だせい》と言えば惰性なのかもしれませんが、「習慣」なのです。ですから、「何かを進めないといられない気持ち」をつくることが大事なのではないかと思っています。

「天狗《てんぐ》になるな」という言い方をすると、傷つく人がいるので言いにくいのですけれども、「天狗になるな」とは言わないにせよ、やはり「簡単に出来上がるな」とは言っておきたいと思います。

これは、どういう仕事が回ってきてもやってのけるという感じでしょうか。ですから、「これは私のものではないので。私の仕事ではありません。私の関係ではありませんので」という人は駄目なのではないかと思います。

例えば、当会の芸能関係が一生懸命《いっしょうけんめい》に音楽祭をやっているところで、ほかの人は、それを観《み》てはいるとしても、これをほかの立場から見て、「広報局の人は、何ができるんだろうか」「国際本部はどうなんだろう」「伝道局はどうなんだろう」「編集局はどうなんだろう」というように、「自分たちに関係のあることがあるのか。できることがあるのか」と考えるのが、やはりシナジー効果ということです。「ああ、あそこがやっているのか。勝手にやっていればいいよ」などと言っているようでは、それはバラバラの組織であり、「セクショナリズム」といわれるものであるでしょう。

5　凡人性《ぼんじんせい》を自覚し、脱却《だっきゃく》する努力を

「黄金期」の自分に執着《しゅうちゃく》せず、勉強し努力し続ける

ここまでは、ほとんど「まえがき」の説明で終わってしまいましたが、「あとがき」にもよいことは書いてあります。「修行者《しゅぎょうしゃ》は、うぬぼれたら、そこから脱落《だつらく》が始まる。他人《ひと》にほめられて、有頂天《うちょうてん》になったら、そこが地獄《じごく》の入口である。」とあります。これは厳しい一言《ひとこと》です。

「出家者《しゅっけしゃ》」というように思っている人、あるいは、在家《ざいけ》でも「修行している」と思っているような人々は、ここはよく気をつけてください。「うぬぼれたら、そこから脱落が始まる。むしろ、地獄への入口だ」と思わなければいけないということです。

また、「数多くの人々の人生を見てきて思うのは、『黄金期』を持っている人は、必ずその頃《ころ》の自分に執着《しゅうちゃく》するということである。」とあります。

こういう人は多いのです。気をつけないと、本当にそこで止まっている人がたくさんいます。

これが自慢《じまん》話につながるわけですけれども、そういう昔の自慢話にこだわる場合は、それ以後、大した成功をしていないということでもありましょう。

黄金期はあったかもしれないとしても、やはり、あたかもそれがなかったかのごとく勉強し努力し続けることで、本当は、あなたの成功期間を延ばすことができるのです。

このあたりのことは、どうか気をつけていただきたいと思います。

「努力即《そく》幸福」の生き方で生涯現役《しょうがいげんえき》を貫《つらぬ》いた本多静六《ほんだせいろく》

さらに、「日々に、未完成の自分と対峙《たいじ》し、昨日《きのう》より今日、今日より明日《あす》こそ、もっと優《すぐ》れた何かを産《う》み出そうと努力することである。」と書いています。

本多静六《ほんだせいろく》博士の本は、かなり古くなったこともあり、新しくつくり直したものもあることはあるのですが、彼は「努力即《そく》幸福」の境地ということを言っています。結果を求めて努力している人が多いけれども、本多先生から見たら、「結果というのは残りカスのようなもので、努力しているその過程こそが幸福なのだ」ということです。

長者番付《ちょうじゃばんづけ》に名前が載《の》ることがあったようですが、東大教授で長者番付に名前が載るなどという人はほかに聞いたことがありませんので、この人の財政感覚なのでしょう。ドイツで財政学の勉強もされた方ですけれども、「そんなのは残りカスだと思っておけ」ということです。

実際、日本が敗戦して、戦後、一文無《いちもんな》しになったこともあるそうですが、悠々《ゆうゆう》としていたようです。私の言葉で言えば、「そんなものは、あの世に持って還《かえ》れるものではない」というところでしょうか。「お金が貯《た》まったりすることもあるけれど

書　この用紙で本の注文が出来ます！

冊

冊

冊

冊

—

—　　—

き

チェック

郵便振込…振込手数料　窓口 203円　ATM 152円
コンビニ振込…振込手数料 66円
代引き…代引手数料　330円

送料無料　※但し、税抜 500円以下の場合は別途送料 300円がかかります。

予定の書籍が含まれている場合は、発刊時にまとめてお届け致します。

寸先 03-5573-7701

主文⇒ 幸福の科学出版ホームページ　幸福の科学出版　検 索
https://www.irhpress.co.jp/

リーダイヤル 0120-73-7707　「カタログを見た」とお伝えください
（月～土 9：00 ～ 18：00）

のお問い合わせも 0120-73-7707 までお気軽にどうぞ。

大川総裁のお考えを知る

私の人生論
「平凡からの出発」の精神

幸福の科学をゼロから立ち上げ、全世界に
者を持つ大教団へと育て上げた大川隆法総
が説く「神仏に愛され続けるための秘訣」「
生を長く輝かせ続ける秘密」。　1,600

われ一人立つ。大川隆法第一声
幸福の科学 発足記念座談

1986年11月23日、満30歳にして宗教家とし
の第一声を上げられた大川隆法総裁。世界百
数ヵ国に信者を持つ大教団の出発点となった
念すべき説法がここによみがえる。　1,800

大川隆法 思想の源流
ハンナ・アレントと「自由の創設」

著作
2700
突破

幸福の科学から生まれた政党・
幸福実現党は、なぜ自由と民主主義を
標榜し、全体主義的な考え方を退けようとす
のか。大川総裁の「政治哲学の源流」を明
かにする。　1,800

心眼を開く
心清らかに、真実を見極める

「心の眼で見る」とは、どういうことか。心を
限りなく透明にすると、この世界はどう見える
のか。合理性と神秘性の融合し、物事の本質
を見通す力がこの一冊に。　1,500円

コロナ不況下の サバイバル術

コロナウィルスを撃退し、戦後最大の経済危
機を生き抜け。自らの免疫力を高め、政府・
自治体による補助をあてにせず、智慧を絞っ
て厳しい時代をサバイバルするには。1,500円

も、それは、勤勉に働いて本を出して売れた結果であり、その結果にそれほど関心がない」ということを、「残りカス」というような言い方で、よく言われていました。酒カスのようなものだというのです。「結果とは、酒を搾《しぼ》ったあとの残りカスのようなものであり、酒のほうが大事で、カスのほうは関係がない」というように言っていたのですが、これが生涯現役《しょうがいげんえき》の精神かと思うのです。

本多先生は八十五歳《さい》まで生きておられましたが、晩年は伊東《いとう》に家を持ち、農作業などをやって、食べ物など、自給自足もやりながら本を書いていました。夜にも散歩することもあったようですが、行き倒《だお》れになる恐《おそ》れがあるため、「本多静六、住所はどこそこ、連絡先《れんらくさき》はここそこで、万一《まんいつ》、行き倒れて死んでいた場合は、このように処理してほしい」といったことを、お金のことも入れて書いたものを持っていたようです。

夜に伊東の山を八キロ歩くというのはけっこう大変なことで、それは、狸《たぬき》に化《ば》かされるか、谷に落ちて死ぬ恐れもあったのですけれども、本当にギリギリまで生涯現役でされていたので、目標にすべき人の一人かと思っています。

ほとんど戦前に活躍《かつやく》された方ですけれども、三百七十冊を超《こ》える著書を書き、私費で海外渡航《とこう》を十九回もして、海外で博士号を取って二十五歳で東大助教授として帰ってきたという方なので、傍目《はため》に「天才」と言うのは簡単ですが、やっていることを見れば、天才という感じではないでしょう。もうほとんど〝ウォーキングマシーン〟のような方です。そういう働き方をしています。

ただ、結局、そんなものかなと思うことはあります。大作家などといわれる人たちはみな、全集があるような人ですけれども、それは勤勉に働かないかぎり、絶対にできません。それは、「働く習慣が身につかない人はできない」ということです。

そのようなことを、どうか、みなさんも学んでいただきたいと思います。

「平凡《へいぼん》からの出発」は、別のかたちでの悟《さと》りの話でもある

本章では、「平凡《へいぼん》からの出発」の「平凡」の意味を、もう一回お教えしようと思

って述べてきました。

平凡というのは、みなさんもそうでしょうけれども、成功した人を見たらうらやましいと思うし、失敗したら他人のせいや環境《かんきょう》のせいにしたくなる思いもあるし、「そんなに、機械みたいに習慣を持って働き続けるなんて、こんなことできるか」と言っているような人のことです。そういう人は凡人です。凡人なのです。

この三つとも、凡人の要素を示していますが、これは誰《だれ》も逃《のが》れることができません。過去世《かこぜ》が何であろうが、七次元（菩薩界《ぼさつかい》）から来ていようが、八次元（如来界《にょらいかい》）から来ていようが、九次元（宇宙界）から来ていようが、人間として生まれたら、同じ傾向《けいこう》を必ず示します。ですから、この凡人の要素に気づいたら、そこから脱却《だっきゃく》し、最後は非凡の高みに上がれるように、頑張《がんば》って努力してみてください。

「この、凡人のすすめ、ならびに、天才ではないように自分を思い続けて努力することが、実は、悟《さと》りとはかなり近いところにある」ということを申し述べているのです。これを知ってください。

「平凡からの出発」は垂直に登ることであって、実際、亀《かめ》が垂直に登るのは大変なことです。亀がエベレストの垂直の崖《がけ》を登るのは、それは大変です。そんな簡単にはいきません。だから、「平凡からの出発」をなめないでください。「自分は天才だ」「自分は頭がいい。IQが高い」「高学歴で、職歴や会社がいい」「役職が高かった」など、いろいろと言う人はいるけれども、私が述べた話からすれば、そのほとんどは凡人でしょう。

そうした自分の凡人性に気がついたのであれば、そこから抜《ぬ》け出すことをお考えください。この凡人性のなかにまみれて、それを強烈《きょうれつ》に発揮し始めたら、それは地獄行きですよということです。

単純ではありますけれども、これは、別のかたちでの「悟りの話」なのだということです。

第2章

「小さな源流」から「新しい歴史の始まり」へ

――『われ一人立つ。大川隆法第一声』講義――

二〇二〇年九月十七日　説法《せっぽう》
東京都・幸福の科学総合本部にて

1　幸福の科学立宗《りっしゅう》当初を振《ふ》り返って

全国各地から熱心な人々が集《つど》った「幸福の科学発足《ほっそく》記念座談会」

本章では、私の初説法《せっぽう》として行《おこな》った第一回の座談会（幸福の科学発足《ほっそく》記念座談会）が収録された『われ一人立つ。大川隆法第一声』の講義をしたいと思います。

本書の口絵写真にも出ていますが、当日（一九八六年十一月二十三日）は四十畳《じょう》ほどの場所だったので、今で言えば幸福の科学総合本部の礼拝室《れいはいしつ》の半分程度でしょうか。そのくらいの所に、八十七人の参加者がベタッと座《すわ》っていたので、私が演壇《えんだん》まで歩いていく道がなくなってしまい、建物外側の手すり部分を渡《わた》って窓の外から入ったのを覚えています。

『われ一人立つ。大川隆法第一声』（幸福の科学出版刊）

また、当日は西荻《にしおぎ》の事務所を出発して行ったのですが、車で一時間ちょっとかかってしまったのです。「時間に遅《おく》れるから、そのまま入ろうか」と言ったのですが、会場には控《ひか》え室がないとのことで、「休み処《どころ》がまったくありませんから、喫茶店《きっさ》でちょっと一服《いっぷく》してから入りましょう」と言われました。一緒《いっしょ》に行ったのは、運転手をした四十八歳《さい》ぐらいの中古自動車販売《はんばい》の社長と、ヨガの先生でしたが、「喫茶店に一回寄ってから行ったほうがいいと思います」と言うので、日暮里《にっぽり》の喫茶店にちょっと寄りました。「遅れてはいけないから」と言いながらも、十分ほど一休みしてから行ったため、第一回で遅刻《ちこく》をしたことになり、開始が十分ぐらい遅れたのですが、早くから来て待っていた人もいたのではないかと思います。また、本書にもあるように、北海道や九州等から来ている人もいて、熱心なみなさんでした。

十月六日に事務所を六畳一間に設立し、十月までに入った会員に案内を出したと思いますが、まだ百数十人しか会員がいなかったころだったのです。このころは、参加するにはみな、往復はがきを出さなければ来られなかったのですけれども、それでも八十七人が集まったということなので、おそらく、かなりの人が来ていたのではないかと思います。

以前、幸福実現党にいた人から聞いた話によれば、島根か鳥取《とっとり》あたりを回ったときに、「私は第一回の座談会に参加した者だ」という男性がいて、みな、「ははーっ」という感じになったそうです。「第一回座談会に参加した」というと、もう〝後光《ごこう》が射《さ》してくる〟ような感じだったということでした。

地方には、そういう人がポツポツといるのだと思っています。

ちなみに、本説法を総合本部で行ったときに、第一回座談会に来た人がいるかについて、「あれから残っている人が誰《だれ》かいたら手を挙げてください」と訊《き》いたところ、そこには誰もいなかったのです。ゼロ人、〝全滅《ぜんめつ》〟でした。別の階にはいたのかもしれませんし、まだ二、三人ぐらいは生き残っているのではないかとは思うのですが、本当に諸行無常《しょぎょうむじょう》であるので、大変なのです。そこには座談会に来た人はいませんでした。

ただ、翌年の八七年五月には第一回の研修会があり、十一月には秋の研修会を行ったのですが、そのころの研修会に参加した人は、かなりの率で職員になっています。班分けをして、ご飯《はん》のグループの班長になり、挨拶《あいさつ》をした人などはみな、その後、局長になったりしているので、まだずいぶんと〝緩《ゆる》い〟出世基準ではありました。名前と顔が一致《いっち》しただけで幹部になっていたのです。

立宗《りっしゅう》から三年で信者一万人を突破《とっぱ》

そのあと、ドドドドッと信者が増えてきたので、激しく怒濤《どとう》のごとき人の群れが入ってきて、その激しい上がり下がりの大波のなかで教団は揺《ゆ》さぶられ、鳴門《なると》の渦潮《うずしお》のなかのように、錐揉《きりも》み状態に突入《とつにゅう》していきます。

私は、最初から三年ぐらいはかたちをつくらないと危ないと見ていて、教団運営のかたち、組織のかたちと運営方式を固め、それから基本的な教義を固めた上で、その内容を納得《なっとく》した人に、なるべく来てもらおうと思い、非常に抑制《よくせい》的にやっていたつもりではありません。しかし、それでも三年ぐらいで一万人を突破してしまいました。

ほかの宗教で言うと、今、全国に新宗教や古くからの宗教がありますが、信者が何百万人いるとか、あるいは一千万人を超《こ》えているといったことを言う宗教も多くあります。ただ、幸福の科学で言うところの、実際に活動している信者ぐらいのレベルになると、本当は一万人程度しかいないことがほとんどです。そうした活動をしている信者が一万人以上いるということになると、かなり大きい教団ということになります。

例えば、浄土真宗系《じょうどしんしゅう》は、『歎異抄《たんにしょう》をひらく』という本を出し、長くそれで売っていて、同名の映画もつくり、石坂浩二《いしざかこうじ》さんの声優でやっていたところがあります。ただ、館数は非常に少なく、長く引っ張ってやっていました。本も何年も売っていますけれども、部数として数えられるのは、二、三十万部といったものだと思います。

それから、西本願寺《にしほんがんじ》のトップの人が以前、本を出したときも、やはり、ものすごく広告を打って頑張《がんば》って、多少は競合されたのだとは思いますけれども、一千数百万人の信者がいることになっていても、それでも結局は二十数万部しか売れなかったようです。総力を挙《あ》げた、十年、二十年に一冊の本でも、二十数万部しか売れないとなると、だいたい実働会員の数が分かるので、それほどにはいかないのだということがよく分かります。

私は、幸福の科学を始める前のころから、ほかの宗教も研究はしていました。生長《せいちょう》の家《いえ》の谷口雅春《たにぐちまさはる》総裁についても、前年に亡《な》くなっていたので霊言《れいげん》を録《と》りました。三百三十万人の信者がいるとのことであったので、「私の本が出たら、信者の一切れぐらい、切れっ端《ぱし》の三万人ぐらいはやってもいいぞ」と言われて、「それはうれしいですね。では、出しましょう」ということで霊言集を出したのです。ただ、そのときはすでに二代目の代になっていて、三百三十万人を維持《いじ》してはいたものの、二代目が本を出しても一万部以上は売れないというので、「なぜ売れないのだろうな。おかしいな」と思ってはいたのですが、どこでも、「過去にはいた」とか「登録はしていた」とかいったことが、いろいろあるのでしょう。やはり、現実には、宗教はそれほど大きくはならないということです。

オウム真理教が出てきて暴《あば》れたときに、信者が一万人いたということに対し、それでも「大きい」と言われていて、びっくりしていたのですが、あれで大きかったらしいのです。ここは出家者《しゅっけしゃ》がいたので、人数のところは変えられなかったのだと思いますけれども、一万人でも大きかったようです。

三十四年目にして「第一声」を書籍《しょせき》として発刊した理由

当会は、今、桁外《けたはず》れなことをたくさんしていますが、ほかの宗教から見たら、「そんなことはできるはずがない」ということを数多くしているのだと思います。

ただ、この第一回の座談会あたりの内容、私の発声内容を聴《き》けば、何か宗教の起こってくる感じの、その現在進行形のところが見えるのではないかと思います。

三十四年間、この第一声を活字にしなかったのは、内容がお粗末《そまつ》で恥《は》ずかしいので、私が「こんなものは出せない」と嫌《いや》がっていたためで、活字にはならなかったのです。テープについても、最初は少人数には売っていましたが、そのあとはCDにもなっていないと思います。自分が嫌だと言って、聴きたくなかったのでボツにしていたのです。

しかし、三十四年が過ぎて年数がたったことと、いろいろな仕事をやってきた部分で、ようやく自信が出てきた面もあるかと思います。また、映画等で初期のころを描《えが》いたものをつくったりもしているので、「そろそろ出してもいいのかな」という気がしてきて、書籍《しょせき》を出してみたのです。

ただ、読んだ人の意見を見ると、これでも、「法のスケールが大きいことがよく出ている」とか、「面白《おもしろ》い」とか、「笑えるところがいい」とか、いろいろと言ってくださることもあって、善意の人が多いのだなとも、ずいぶん思いました。

第一回の座談会をしたときは、準備も十分にはできていないような会場でもあったので、手書きで「歓迎《かんげい》 大川隆法先生」と書かれたものや、何か切り紙のようにつくられた「第一回幸福の科学発足記念座談会」というものが貼《は》られたりしていました。

また、出ていた本は、私が共著者としてついでに出ているぐらいのものになっていたのです。「大川隆法」という名前は、父親のほうで姓名《せいめい》判断か何かで画数を見て付けた名前であり、私の承認もなく勝手に出ているものだったのですが、ふりがなは「おおかわたかのり」と振《ふ》ってありました（笑）。「おおかわたかのり」というふりがなを振ってあったのですが、私が知ったことではなかったのです。

ところが、その質疑応答のときに、後《のち》に六十五歳で当会の最初の理事長になった人が、「大川隆法《りゅうほう》先生」と言って質問したのです。それで、「やはり、『りゅうほう』と読んでしまうか。では、『りゅうほう』に変えてしまうかな」と思って変えたのです。非常にざっとしていて申し訳ないのですが、もともとの名前も自分で付けていないので、「〝りゅうほう先生〟と言われたから、もういいや。〝りゅうほう〟と読むなら、そう読むことにするか」ということで、それで変えてしまったという、いわくつきであります。

他宗の幹部経験者が繰《く》り返し教えていた二つのキーワード

その後、その人は、私が十分遅れて出てきたことに対し、十枚ぐらいの長文の手紙を書いてきました。「よかった」などと書きながら、結局、最後のほうはだんだん説教になってきて、「第一回から遅刻するとは何事であるか」という結論になっていました。それから、「あんな女性なんかに司会をさせるというのは間違《まちが》いだ。あんな若い女性に司会をさせてはいけない。やはり、六十年配の、見てくれの立派な男性が司会をすべきである」ともありました。要は〝自己の売り込《こ》み〟ですけれども、そういうことを諫言《かんげん》してこられたので、少し遅れてではありますが、初めは活動推進局に入れて、最初の理事長にしました。

創価学会《そうかがっかい》で副理事あたりまでしたことがあり、市会議員もやっていた人でしたが、二年ぐらいやってもらって、その間に創価学会のノウハウを吸収しようと思ったのです。どのように判断し、どのように行動するか、理事長に置いたら、どう言い出すのか、みなに何をしろと言うのかなど、よそのノウハウを見なければいけないので、二年ぐらいやってもらって、「ああ、こんなふうにやるんだ」ということが分かりました。

結局、繰《く》り返し教えていたことは、「信仰《しんこう》」と「伝道」の二つのワードでした。「信仰と伝道」「信仰と伝道」と、これを繰り返し言っていたら、だんだん、「信仰と伝道ですね、分かりました」と、みな言えるようになってきたのです。それで、「宗教とは、そういうふうにつくるものなのだ。信仰と伝道をやらなければ宗教にならないのだ」ということがよく分かったのです。

最初のころ、ほかの幹部たちは会社勤めをしていた人たちばかりだったので、そういうことは言えなくて、分かりませんでした。どのようにしたら宗教になるかが分からないし、宗教団体にすることに反対の人もいて、「社団法人にしたほうがいい」とか「財団法人にしたらいい」などと言う人もいたのです。

ただ、「財団法人にするには五億円要《い》る」と言われても、それだけの資金がなかったため、それは無理だということになりました。また、「社団法人にするならメンバーが全員固定していないといけない」ということだったので、これは活動的にも無理だということになったのです。それで、五年ぐらいたって宗教法人になったと思います。

他宗教の不祥事《ふしょうじ》まで〝連帯責任〟で追及《ついきゅう》される厳しさ

このあたりでも、まだ、宗教法人にすんなりとなれるほどではなかったのですけれども、幸福の科学のあとは、もう一つぐらい宗教法人の認可が下りてから、オウム事件が起きたため、ほとんど認可しなくなったのではないでしょうか。宗教法人も認可制なのですが、オウム事件があってからは、ほぼ宗教を認めなくなっているのではないかと思います。

そのように、すべて〝連帯責任〟になることがあるので、お互《たが》いに横の連絡《れんらく》はないものの、ほかのところが起こした不祥事《ふしょうじ》まで責任追及《ついきゅう》をされるし、オウム事件があってから、宗教のお金のところまですべてつかまれるようになりました。宗教法人法が改正されて、財務諸表をつかまれるようになったのです。

創価学会などは、信者数ゼロで届け出をしているようです。「信者数何名」と書いて出したときに、「名簿《めいぼ》を出せ」と言われるのが嫌なので、信者数はゼロなのです。文化庁にはゼロで出していると言われています。もちろん、それは嘘《うそ》なのですが、「一千七百万人」とか「八百万世帯」などと言ったら、「世帯数を出してくれ」と国会で追及された場合に出さなければいけないので、「ゼロ」と書いて出しているわけです。どこも虚々実々《きょきょじつじつ》で、厳しい感じではあります。

このように、横並びで責任を取らされることもありましたし、それは、今でもそうだと思うのです。

国会で「モリカケ問題」など追及してはいますが、前総理と関係があったといわれるところに認可が下りたということに対して、野党からの追及やマスコミからの追及が何年もされています。よそのことであって、自分のところには関係がない、他人事《ひとごと》だと思っていたら、幸福の科学の大学のほうにもかかわってきました。やはり、今、認可することで、特別な何かがあるのではないかと疑われるようなことを嫌がっているのだろうと思います。

また、当会の重要拠点《きょてん》に当たる精舎《しょうじゃ》がある所の隣地《りんち》なども、国有地で、もう人が住んでいなくて、払《はら》い下げをすることが決まっていたにもかかわらず、実施《じっし》が延長になりました。

「公募《こうぼ》をかけて、どこかほかのところも応募してくれないと、そして、入札型にしないと、当会の隣《となり》だからといって幸福の科学に買わせたら、また言われるのではないか」と思っているのかもしれませんが、そんな感じで、どうも形式的にやっているようです。

〝モリカケ問題〟が当会まで来ても、こちらは何も便宜《べんぎ》を図《はか》ってもらっていないので、「だから、何だ」というところはあるのですが、まあ、世の中はそのようにうまくいかないものです。

2　霊言集発刊《れいげんしゅう》の際の努力と忍耐《にんたい》

資金も建物もメンバーも何もないところから始める難しさ

初期のころ、私が非常に慎重《しんちょう》に用心深くやっていることについて、一世代替《か》わった、私の子供の代あたりになると、「なぜ、六年近くもウロウロしていたんだ。なぜ、そんなにのんびりやっていて、隠《かく》れていたんだ」というような言い方をすることもあります。しかし、それは、今、幸福の科学があるのを知っているから、そう言えているわけで、何もなかったら言えるかどうかということです。

それでも、前年の一九八五年の七月末に『日蓮聖人《にちれんしょうにん》の霊言《れいげん》』が出て、そのあと、二カ月おきぐらいに、『空海《くうかい》の霊言』『キリストの霊言』『天照大神《あまてらすおおみかみ》の霊言』『ソクラテスの霊言』『坂本龍馬《さかもとりょうま》の霊言』、それから、『卑弥呼《ひみこ》の霊言』というかたちで出ていっていました。

そして、第一回座談会で説法《せっぽう》をしたときには、「八巻目の『孔子《こうし》の霊言』の校正原稿《げんこう》が今朝《けさ》届いたところで、それを読んできた」というようなことを言っているので、七冊目まで出たあたりなのかなと思います。

そのあたりで、本はその一年前ぐらいから出ていたものの、それ以外の資金とか、建物とか、メンバーとか、そういったものはまったく何もなかったために、それはまあ大変でした。ですから、このことについて分かってもらうのは、けっこう厳しいことだとは思います。

会社時代のスキルは持っていましたが、それが別のところで使えるというものではなく、宗教法人において、総合商社でやっていた仕事のやり方でできるわけがないので、いったいどうすればよいのかも分からなかったのです。

私も、「普通《ふつう》の宗教をやっている人よりは、世の中のビジネス系統のことはよく知っているほうかな」と自分では思っていたのですが、実際に自分でやるとなったら、何もかもやらなくてはいけないわけです。

「全智全能《ぜんちぜんのう》」という言葉がありますけれども、それは、それほど簡単なことではなくて、全智全能どころか、まず、小さな会社の運営であっても、この世的には分からないところはあります。

ですから、社員として勤めていた人が会社をつくるとなると、「何を、どこまでやらなければいけないのか」ということが、けっこう難しいわけです。

幸福の科学出版設立時に発生したトラブル

最初のころ、幸福の科学出版をつくるときにもけっこう難儀《なんぎ》をしたし、トラブルも発生して、なかなか大変ではありました。

私も、会社時代に企業《きぎょう》相手の仕事はしていましたが、相手の企業はみな大きな企業ばかりでした。大企業ばかりを相手にしていたので、交渉《こうしょう》といっても、向こうは大企業の代表として来ている人だったわけであり、個人相手の仕事ではなかったのです。そのため、「株式会社というのは、すでに上場しているような、株を売り買いできるような、日経新聞に載《の》るような会社のことだろう」というぐらいに思っていたのです。

ですから、自分のところも「幸福の科学出版株式会社」というものをつくるとなったら、「ああ、上場しなくてはいけないのか」などと思ったりする程度の知識の不足があり、「世の中には、上場しないぐらいの小さい小さい会社が山のようにある。もう九十数パーセントがそうなのだ」ということを知らないほど、大会社ばかりを相手にしていたのです。

当時は、電話一本で、一億や五億、十億といった金額を言ったり、「どうする、ああする、やめる」というような話ができていた時代なので、もう、小口のリテールのように、個人を相手にするという、この〝遺伝子〟改造は、それほど簡単なことではなかったと思います。ですから、恥《は》ずかしながら、分からないことだらけでした。

最初の出版社をつくるときにも、つくり方がよく分からないので、最初のころの信者で「印刷会社の社長」と称《しょう》する人に、幸福の科学出版を兼《か》ねてやってもらいました。

その人の「幸福の科学がちゃんと回り始めたら、幸福の科学出版のほうはそちらにお返ししますから」という約束を信じて、そこを幸福の科学出版にしてやっていたら、印刷会社の社長というのは大嘘《おおうそ》で、そんなものは何もなく、単なるブローカーだったのです。社長をしているという男性と奥《おく》さんとの二人で印刷関係のブローカーとしてやり取りをしていただけで、工場などなかったのです。印刷会社というのは嘘であって、ブローカーだったわけです。

それを信じて、出版の社長を最初にやってもらったりしたのですが、本が売れ始めたため、あとで取り返すのが大変なことになりました。本が売れ始めると、向こうも利益が分かるので、けっこう大変なことになったのです。

そのため、「自分が書いて幸福の科学で出した本が研修で使えない。セミナーで使えない」ということになって、新たにもう一つ、出版社をつくらなければいけない感じになりました。

ある外部出版社は霊言集の発刊の際に「宇宙」の章を丸ごと削《けず》ってきた

あとは、潮文社や土屋書店等からも本を出しました。そうした出版社もありがたいのですが、パトロンのような気分もあるので、いろいろと意見を言ってくるのです。例えば、内容について、「ここは信じられない」と言ってバサッと削《けず》ってきたりというように、向こうの主観で来るので、「うーん……。どうかなあ」と思いながらも、「出してもらう以上、しかたがないかな」と思ってやっていたのです。

当初、善川三朗《よしかわさぶろう》編で八冊出したのですが、やはり、大川隆法の名前で出さないといけないということになりました。そこで、『高橋信次《たかはししんじ》霊言集』を出してほしいと言う人が近くにたくさんいたので、これを最初に出したのですが、その最終章として「宇宙」に関することを非常にたくさん述べている霊言を入れるはずだったのです。

しかし、潮文社が「そこは信じられません。宇宙の話のほうは、ちょっと、これは受け付けられません。古代霊が、昔の話とか、霊魂《れいこん》の話とか霊界《れいかい》の話をするのはよろしいのですが、宇宙の話は勘弁《かんべん》してください」ということだったので、一章丸ごとバサッと切って発刊することになったわけです。

私は「それはしかたがないか」と言って我慢《がまん》しました。出版社をつくるのはけっこう大変だったので我慢したのですが、高橋信次霊のほうは我慢ができなくて、〝怒《いか》り狂《くる》って〟しまいました。「人間ごときが！」という感じのことを言って、ものすごく怒《おこ》ってしまったのです。

私のほうも乗り移られて怒りの手紙を書いてしまい、出したら、あちらもものすごく怒って、もうカンカンになってしまいました。「内容について、出してよいかどうかを判断するのは出版社の考えだ！」という感じだったのです。

もっとも、「確かに、あれは高橋信次そっくりだ。もう、聞いていた話とそっくりだ。『ものすごく偉《えら》そうに言うときは、鼻高々になる人だ』と噂《うわさ》では聞いていたけれども、まさにそのとおりだ」というように、認めてはくれたのです。

しかし、「内容的には、出版社の責任としては取れません。大宇宙の話がたくさん書いてあるけれども、こんなインチキみたいなものは信じられません」という感じで、削られたところはありました。

万単位で本が売れ、「足を向けて寝《ね》られない」と出版社長から感謝される

そのような喧嘩《けんか》をしたため、潮文社では出せなくなって、その後は土屋書店というところで出すことになったのですが、ここも、普通の本を出して広告ができるレベルの会社ではなく、親子とその周りぐらいでやっている小さい会社で、ほかに本はあまり出ていなかったと思います。実用書のようなものを出しているぐらいではなかったでしょうか。

本当はやや評判が悪くて、「営業の人が書店に来ては、取次《とりつぎ》を通さずに棚《たな》に本を

押《お》し込《こ》んでいく」というので有名だったらしいのです。取次を通さずに押し込むと、要するに利益率が上がるわけです。〝ゾッキ本《ぼん》〟ではありませんが、そういうことをやっているというので、評判はそれほどよくはなかったのです。

ただ、私の本を出すようになってからは、万単位で売れるので広告も打てるようになり、一時期、バッと出たときには、「大川隆法さんのほうに足を向けて寝《ね》られない」などと言ってくれていたこともあります。

また、関西の講演会まで聴《き》きに来てくれたこともあるのですが、そこではたまたま運が悪いことに、イエス・キリストの指導霊で「カイザルのものはカイザルに、神のものは神に」という話になって、「この世の経済原理などは、真理から関係がない」というようなことを激しく言ったためか、そのあと質疑応答があったのですが、質疑応答が始まる前に、「これはもう怒られる」と、東京に帰ってしまったこともありました。まあ、そんなものです。

そこからは『谷口雅春《たにぐちまさはる》霊言集』も出してもらいましたけれども、『谷口雅春霊言集』が出た際に、「これは喜ぶでしょう。これを持って、生長《せいちょう》の家《いえ》の本部にご挨拶《あいさつ》に行きます」と言うので、「あっ、やめておいたほうがいいです。監禁《かんきん》されたり、何をされるか分からないですよ。たぶん敵対的に扱《あつか》われると思いますから、行かないほうがいいですよ」と言うと、「えっ!?　喜ぶのではないですか」と言っていました。喜ぶ人もいることはいるのですが、組織を継承《けいしょう》しているほうは喜ばないのです。

『谷口雅春《たにぐちまさはる》霊言集』発刊に対する二つの教団の反応

もっとも、最初は、生長の家のほうも本当に喜んだのです。その当時、向こうの職員だった人が、あとで幸福の科学に職員として来ましたけれども、こんなことを言っていました。

「『谷口雅春《たにぐちまさはる》霊言集』が出たときに、朝礼で、『これはまさしく本物です』というようなことを言っていたのですが、しばらくすると、どうもこれは認めたら具合が悪くなるらしいということが分かって、否定に入ってきました。『神は霊媒《れいばい》にはからぬという教えが谷口雅春先生の教えにはあるので、霊媒にかかっているのはおかしい。これは偽物《にせもの》だ』というように話は変わりました」と。

ちなみに、この生長の家を裏切って宗教を立てた白光真宏会《びゃっこうしんこうかい》というところがあります。これは、生長の家の支部長か何かが別派をつくったものなのですが、生長の家の教えの一部から、〝運命のケミカライゼーション〟のようなところを取って言っています。

例えば、どれほど悪い病気、急病になったり、事業が潰《つぶ》れたり、いろいろなことがあっても、「それは本人が持っている悪いカルマが崩壊《ほうかい》していく姿なのだ。そう念じれば救われる」というような教えです。「悪いことは、すべて〝運命のケミカライゼーション〟だ。運命におけるカルマが崩壊していく姿だと思えば救われる」というようなことを教えている宗教なのです。

こちらの団体のほうは、谷口雅春の霊言集を読んで「これは本物だ」と思ったのです。そこで、白光真宏会の本部から「一緒《いっしょ》に仲良くやっていこうじゃないか」という感じのことが、いろいろな資料も含《ふく》めて郵送されてきました。「幸福の科学と仲良くやりたい」というようなことを言ってきたのです。

ところが、彼らは、谷口雅春の霊言で、「うち（生長の家）の地方講師をやっていた者が別派をつくってやっているが、これは邪教《じゃきょう》である。教祖は地獄《じごく》に堕《お》ちている」というようなことを言っているのを見て、今度は怒って〝呪《のろ》いの言葉〟をたくさん当会に言ってきました。「もう大川隆法と谷口雅春は許さない」というような流れです。白光真宏会の機関誌等をたくさん送ってきていたのに、〝逆〟になってしまったのです。そこは、五井昌久《ごいまさひさ》という人がつくったところです。

「生長《せいちょう》の家《いえ》」と「白光真宏会《びゃっこうしんこうかい》」に見る宗教の協力の難しさ

確かに、「生長《せいちょう》の家《いえ》」と「白光真宏会《びゃっこうしんこうかい》」の言っていることはよく似ているのですが、微妙《びみょう》に違《ちが》うようなのです。それは、親鸞《しんらん》と善鸞《ぜんらん》の意見が違うのと似たようなところがあります。親鸞は、「悪人でも救われる」と言いました。一方、善鸞という長男は、「悪人になればなるほど救われる」というようなことを言いました。

そのため、父親の親鸞のほうは「おまえは間違っている」ということで善鸞を義絶しましたが、微妙なのでよく分からないかもしれません。「悪人ほど救われる」ということと、「悪人になれば救われる」ということとは何が違うのかというのは、微妙に難しいところです。

しかし、親鸞の気持ちは、「自分も極悪深重《ごくあくじんじゅう》の人間だと思っていればこそ、弥陀《みだ》の救いが来る」ということだったのだと思います。それを、「悪いことをすればするほど救われる」というような言い方をしていたら、確かに信者は増えるでしょう。それを言うと、悪いことをした人がたくさん信者になるからです。

しかし、親鸞は、「それは違っている」というような言い方をしています。『歎異《たんに》抄《しょう》』などを読めば、「ここに毒を消す薬があるからといって、喜んで毒を飲むような、そんなバカなことをしてはいけないだろうが」というようなことが書いてはあります。

微妙な違いですけれども、ちょうどそのような感じで、生長の家と白光真宏会等も対立していたのだと思うのです。

生長の家のほうは、光明《こうみょう》思想を言っていましたが、世の中はよいことばかりではありません。病気はあるし、事業は倒産《とうさん》するし、苦しみはたくさんあるわけです。ですから、「それを見ないようにしよう」という教えであったと思うのです。

ところが、見ないようにしようとしているところについて、そうした「運命の崩壊」のところを強調して取り出して教えると、白光真宏会になるわけです。

それで、「そこの教祖がよいところに行っていない」という話をしたために、最初は非常に協力的というか、うれしそうに来ていたのに、「もう一切《いっさい》、相手にするな」という感じになったのですが、宗教の協力というのは難しいなと本当につくづく思いました。

あるいは、ある程度、認めていたとしても、やっているうちに、だんだんと内容が違ってくるという感じになることがあります。生長の家などは一緒にやっていけるようにも思ったのですが、「どうも天狗《てんぐ》系の教えが多すぎて、仏教系の反省ができない」というところが気になってきました。そういったこともあったと思います。

年長者や先輩《せんぱい》を尊重する気持ちに押《お》し込《こ》んできた高橋信次霊《たかはししんじれい》

それから、高橋信次《たかはししんじ》についても、最初は一生懸命《いっしょうけんめい》、当会から霊言《れいげん》を出していましたが、確かに、言っていることのなかには当たっていることもあります。『高橋信次霊言集』という第一巻を出したときにも、本人は「おそらく、五年以内に私は切って捨てられて放り出されるから、その間に出せるだけ出さないといけない」ということを言っていて、高橋信次の霊言集をもう十何巻まで山のように出したのです。

結局、一九七六年に亡《な》くなられたときに混乱がだいぶ起きたようで、そのあとの収拾をつけたくて、それを私のほうに代弁させようとしているようには見えたので、「これはあまりサービスしすぎてもいけないのかな」と思ってはいました。

私が、年上の人や先輩《せんぱい》に当たるような人に対して、気兼《きが》ねしたり尊重したり遠慮《えんりょ》したりするような弱みのところを、少し押《お》し込《こ》まれたのかなという感じはしました。

そういうことでは、初期の理事長をやった方から「座談会に十分遅《おく》れた」と言われたこともありましたし、その場には来ていなかったのですが、この座談会のテープを聴いて、南原宏治《なんばらこうじ》さんという俳優（当会職員の父親）からも、確か二十枚以上の手紙を頂きました。

翌年の一月ぐらいだったか、手紙を頂いたのですが、講演の仕方について、発声の仕方から始まって、いろいろな指南がたくさん書いてありました。「言葉を切って話して、間《ま》が取れなければ、プロとは言えないのだ。一回、そうした講演の仕方を教えてやるから、第一回講演会のあとに時間を取ってくれ」と言われたのです。

そこで、三月八日の第一回講演会（「幸福の原理」）が終わったあと、時間を取って待っていたのですが、全然来ないので、「どうしたんだろう」と思ったら、「家族で逃《に》げて帰った」という話でした。私が座談会と全然違う話し方をしたため、「こんなことは普通はできない。同じ人が、座談会と全然違う講演をした」と思ったようなのです。それで、いつまでたっても来ないのでおかしいと思ったら、「雪のなかを逃げて帰った」という話だったのです。

そのように、六十歳《さい》を過ぎると、みな説教したくなるわけです。三十歳ぐらいは、やはり若造なのです。二十代の人などは認めたくないだろうけれども、三十歳というのは若造なのです。

そういうわけで、「先生は、もう本当に神のような方で……」などと言いながら、「十分遅れましたね」とやはり言われたり、「説法がなっていない。『間を取り、言葉を切って話をする。腹から声を出す』というやり方を実地に指導してやる」という手紙が来たりするわけです。

初期の霊言集の編著者が父親となった理由とは

また、『われ一人立つ。大川隆法第一声』のなかにも書いてあったと思いますが、

『天照大神の霊言』が出たあたりで、その出版社の社長のほうも反応しました。やはり、日本の出版社だし、戦前生まれの方ですから、「天照大神も出てくるというのは、これは普通のことではない」ということになったのです。

そして、「この霊言をしている人が本当に実在するのかどうかを確認しないと、善川三朗という人が架空《かくう》で書いている可能性もある」ということで、「ここまで出てきてくれ」と言うので、名古屋《なごや》から市谷《いちがや》にあった出版社まで行ったのです。

このとき、父親と一緒に行ったのですが、〝返本の山〟のなかを通りながら、やっと玄関《げんかん》から入りました。『シルバー・バーチの霊訓《れいくん》』や『ホワイト・イーグル霊言集』など、翻訳《ほんやく》書の霊言集の〝返本の山〟を出版社に入る前の庭で見ながら、その隙間《すきま》を縫《ぬ》って入っていくのですが、実はそこでもう十分に著者を〝脅《おど》して〟いるのです。「出版社はこれだけ返本に耐《た》えているんだ。だから、印税は払《はら》えない」ということで、請求《せいきゅう》を断るためにたくさん積み上げているわけです。

なかなか演出は憎《にく》いのですが、そのようにやっていたので、印税を取れなかった人はたくさんいるはずです。だから、「売れれば、あとからくれる」というかたちです。

そのように、出版社に行って社長と会い、話をして、「本人がいることは確認した」ということになりました。

また、「これは印刷の間違いなのかもしれませんが」と訊《き》いたのは、私は共著として下のほうに小さく三行ぐらいでしか書いていないところです。隠すような感じで書いてあるので、「これは、何か印刷の間違いではないんですか」と訊いてみたところ、「いやあ、若いですから。若い人がこんなものを書いたら、みんな信用しませんから。やはり、『それは〝六十年配〟があって、それで著書を出す』というのが、宗教なら当然でしょう。五十歳、六十歳が普通で、二十歳や三十歳の人など、誰《だれ》も信用しませんから」と言ったのです。「ああ、そうなんですか」とは言いましたが、やはり、若いということは、信用してもらえないということなのです。特に、宗教系の本などは、三十前の、二十代ぐらいで書けるはずがないものなのです。

「なるほどなあ」という感じでした。初期の霊言集が父親の編著になっているのはそういう理由なのです。

要するに、「信用しません」ということです。取次が信用しない、書店が信用しないということであり、「人生経験がなかったら、そんなものが説けるはずはない」というようなことでもありました。

ですから、そのあたりについては私も我慢《がまん》してやっていました。最初のころは、それほど「自信満々」というほどではなかったということです。

出版社もそういう考えでした。

3　自《みずか》らの思想を世に問う苦労と信用づくり

退社後、『太陽の法』『黄金の法』『永遠の法』の執筆《しっぴつ》に取りかかる

私は、この座談会をやる前の七月七日に辞表を出し、七月十五日付で退社しています。

そして、七月、八月と、多少勉強をしたりして、八月の下旬《げじゅん》ぐらいから『太陽の法』を書き始め、九月の初旬に書き終わっていると思うので、十日ぐらいで書いたわけです。これは、ほとんど自動書記に近いかたちだったと思われます。

そのあと、『黄金の法』にかかりました。これも『太陽

『太陽の法』(幸福の科学出版刊)

『黄金の法』(幸福の科学出版刊)

の法』と同じように書けるかと思ったら、歴史ものでけっこう人がたくさん出てくるので、あまりスラスラとは書けず、一カ月以上かかったと思うのです。十月ぐらいまでかかったような気がします。

『黄金の法』を書き終えたあと、座談会が入ったり、ほかにも仕事がやや増えてきたりし始めたので、『永遠の法』を書くのは、年内にはもう間に合わないかと思い、これは口で語って収録するというかたちを取りました。日中に、カーテンを引いて人が入れないようにし、第1章から第6章までは四次元から九次元で一章ごとに項目《こうもく》を立て、マイクを握《にぎ》ってそれを吹《ふ》き込《こ》みました。二日かけて入れたのです。

ですから、一九八六年の秋、十一月、十二月ごろには、早くもそのくらい忙《いそが》しくなりつつはあったということです。

また、私は、執筆《しっぴつ》する時間をもう少し取りたかったので、入会制度をとって試験等をしたりして、制限をかけていました。会員が増えてくると忙しくなってき始

『永遠の法』（幸福の科学出版刊）

め、「出てきてほしい」とか「何かしてください」などと、やはり言われ始めたので、少し時間を延ばしていたのですが、座談会に出てきたわけです。

「霊には値打ちがあるが人間にはない」という出版社の偏見《へんけん》

次は、翌年三月に講演をし、四月一日号で月刊誌を出すというあたりで、組織をつくり始めたのですけれども、まだあまり大きくしないで、もう少し、教義をまとめたかったわけです。

霊言集《れいげんしゅう》だけだと、みな各自、勝手なことを言っているので、それだけでは宗教にならないし、自分の考えも出さなければいけないと思っていたので、そうするつもりでした。

ただ、潮文社あたりでも、「霊には値打ちがあるけれども、人間には値打ちはない」というご見解だったのです。

「いろいろな霊が出てきて霊言をしている。まあ、それはよい。だが、本物かどうかは誰《だれ》にも分からない。分からないから、言っている内容、言葉を聞いて、まあ、いいことを言っている、道徳的にもよいことを言っていて、この世の人と比べてもよいことを言っていると思えるなら、出版社としては本で出せる。そのアイデンティティーは非常に難しいけれども、ここが出版社の信用なので」というような感じではありました。

そのように、「人間には値打ちがない」とおっしゃるわけです。

当時、『太陽の法』を書きましたが、これは九月の頭に書き終えています。原稿《げんこう》用紙を五十ページ分束ねたノート型のもので六冊書いたので、三百ページぐらいでしょうか。これをコピーするのが面倒《めんどう》くさかったので、「出版社のほうにコピーぐらいあるだろう」と思い、出版社に『太陽の法』を送ったのですが、返事がまったく何もないのです。それで、あとから、「どうしたんですか？」と訊《き》いてみたら、「人間が書いたものは出せない」とおっしゃるのです。「著者の思想なんて、そんなものは出したくもないんだ。霊がどう言ったかが大事なので」ということで、これは、完全に霊媒《れいばい》としてやろうとしているということです。

シルバー・バーチやホワイト・イーグルなども、みな古代インディアンのペンネームのようなもので、本当は誰だか分からないものなのですが、内容がよければそれで出せるという考えでした。

他の霊言集の翻訳者《ほんやくしゃ》等から受けた激しい攻撃《こうげき》や嫉妬《しっと》

また、当時は、他の著者で、そういう霊言を翻訳《ほんやく》していた近藤千雄《こんどうかずお》さんなどの攻撃《こうげき》も激しくて、とても嫉妬《しっと》していたようです。

普通《ふつう》は、本の採算分岐点《ぶんきてん》はだいたい三千冊なので、初版は三千冊しか刷らないものなのですが、こちらは最初の『日蓮聖人《にちれんしょうにん》の霊言』から初版八千部で始まりました。八千部で始まり、パンパンパンと増刷されていくのです。二千部とか三千部とか増刷されていき、あっという間に一万五千部ぐらいまで行ったので、嫉妬がすごく、同じ出版社から出しているほかの人が、「もう出さない」とか「引き上げる」とか、いろいろ言い始めたりしたこともありました。「著者のほうは、特に思想などを問うような経験はしていないはずだ」ということもあったようです。

それで、善川三朗《よしかわさぶろう》名誉《めいよ》顧問《こもん》は、霊言を録《と》ったテープのコピーを取って、近藤千雄さん等のところに送ったりもしてはいたのです。

しかし、向こうは、「こんなのは絶対に偽物《にせもの》だ。高級霊というのは名乗らないものだ。名乗った以上、それはもう低級霊なんだ。高級霊は絶対に名乗らないんだ。それが高級霊の証明だ」というようにおっしゃって反対なされるので、まあ、しかたがありませんでした。

そういうことで、けっこう大変だったのです。

霊言集の名を出したとたん、仲の良い人との付き合いが切れてしまう

若い人はあまり思わないかもしれませんが、「信用をつくる」というのは非常に大変なことなのです。

例えば、わが家の子供の代も、学校へ行ったら、当会信者はまだ少数でした。今、どこの学校にも何人かは信者がいるはずで、中学・高校にもいると思いますけれども、まだ少数ではあるのでしょう。多少はいますが、それ以外の人たちは一般《いっぱん》世界のほうに関心があり、就職先や進路先などについて非常に関心があると思うのです。ですから、宗教などといっても、やはり、異端《いたん》な感じというか、少数派の感じになるので、弱いといじめられる可能性があるものではあります。

しかし、それは、私の時代には経験していないのだろうと、一世代下の人たちは思っているのでしょうけれども、そんなことはないのです。

こちらは、もうすべてがそうであって、要するに、会社勤めをしているなかで、一人隠《かく》れて分からないようにして本を出していたぐらいなのです。

仕事時代に社内で仲の良かった人や、社外の銀行などにもいろいろと仲の良かった人はいるのですけれども、そういう人たちにも、そのことはすべて伏《ふ》せていました。

ですから、いざ辞《や》めるということになったら、やはりいろいろなところから、「何をするんだ!?」というようなことで、電話がたくさんかかってきたのです。

「本を出す」などと言っても、「え？　どんな本を出すんだ？　出ているのなら教えてくれ」と言われるのですが、「いや、それは言わないほうがいいんじゃないかなあ」と何度も断っても、「いや、それは冷たいだろう。今までの仲からいって、それはないだろう。本屋へ行って、買って読むから」とあまり粘《ねば》られるので、しかたがなく、『日蓮聖人の霊言』や『空海《くうかい》の霊言』、『キリストの霊言』などを言うと、そのあとはちょっと絶句して、これで、だいたい、電話も最後になるわけです。

これが〝最後の日〟ということです。霊言集の名前を言ったら、それが人生の最後で、そのあと、もう二度とお付き合いはなくなるのです。電話もなければ手紙も来ない、会いにも来ないようになるので、言わなければいいと思うのに、どうしても「言え」と言うのです。「何年も付き合ったじゃないか」というような感じでした。

それまで良好な関係を築いていた人がみな、私がやっている仕事を言った瞬間《しゅんかん》に

絶句して付き合いが切れる、要するに、もはや「こちら側の人」ではないという
ことです。「彼岸《ひがん》に渡《わた》った」ということで、〝あの世の人〟のようになってしまい、
「お彼岸にまた……」「お盆《ぼん》にまた……」というような感じになるのです。

そのように、付き合いはすべて次々と切れていくわけです。

こうなることを私は知っていたので、隠してやっていたということです。そうい
う経験はしています。

ところが、一世代替《か》わって、今の人たちが中高生、大学生と学生をやって、就職
したりするときに、周りに信者が少ないというようなことで〝はぐれる〟ので、な
かには信仰《しんこう》を捨てる人も出てくるでしょう。

特に、偏差値《へんさち》の高い学校などへ行った場合は負けることのほうが多いようです。
信者ではない人のほうが多いので、彼ができたり彼女ができたりしたあたりで、残
念ながら敗れる瞬間は多いようです。

一人でいるときはまだ何とかなるのですが、好きな彼女ができた、彼氏ができた

ということで、結婚《けっこん》を考えるようなことになってきたら、やはりぐらついてきて、どちらが得かを考え、「就職と結婚まで加わると、やっぱりそっちのほうが得かな」というように、残念ながら離《はな》れていくような人もたくさん出てきます。

そして、そういうものを見て、「幸福の科学がいっぱい戒律《かいりつ》をつくったり、あの世のことをいろいろと言いすぎるのがいけないので、この世的なことをもうちょっとやったほうがいいんだ」などと言う人も出てきたりするわけです。

例えば、映画等をつくるにしても、「もうちょっとこの世的なエンタメとかエログロをいっぱいつくったら、この世の映画とも分からないから紛《まぎ》れていいんだ」というような考えが若い人から出てくるのですけれども、いや、そういうことをするために、退社・独立して、これを始めたわけではないのです。

4　学者や評論家との戦い

東京ドームで講演することに対して受けた仏教学者からの批判

周りがすべて「潜在敵《せんざいてき》」というか、「潜在的に否定する勢力」であることは、私のほうはすでに十分に知っていましたし、これは、学問の領域においても、学問的にはもはや分析《ぶんせき》ができないものであることも知ってはいました。

宗教学とか仏教学とかというものもありますが、読んでみたら、「これは無理だろうな」ということは分かるし、案《あん》の定《じょう》、中村元《なかむらはじめ》先生のような世界的な大学者といわれる仏教学者でも、全集を読んでみたら、どうも、一九九一年に私が東京ドームで講演をしているのを知ったあたりから、批判をちょこちょこ書いていたようには思います。

仏陀《ぶっだ》の時代には、マイクがない代わりに説法壇《せっぽうだん》というものが霊鷲山《りょうじゅせん》にありました。現代の霊鷲山に遺《のこ》っているのはレンガでつくった説法壇ですけれども、それは後世《こうせい》につくったものです。説法壇とは要するに腰掛《こしか》けのことですが、当時はその腰掛けにペタッと座《すわ》って話していたわけです。

仏陀はそのくらいの人の間で話をしていたので、中村先生は「東京ドームのようなところで、あんなにいっぱい演出して、そして、マイクで大勢に話すなんて、仏陀がそんなことをするはずがない。自分が東方学院《とうほうがくいん》で話しているように、仏陀も数人を相手にボソボソと話をしていたのだ」と感じたいらしいということは分かります。

また、ひろさちや氏のような宗教評論家も、「大川隆法というのはパフォーマーだ」というようによく書いていました。そのあと、罰《ばち》が当たったのか、泥棒《どろぼう》に入られ、家のなかに隠《かく》していた一億数千万円を盗《ぬす》まれたりしたようです。宗教の本を書いて、そうとう金儲《かねもう》けをしていたらしく、罰が当たったようです。

あの世や霊魂《れいこん》を信じていない宗教学者や仏教学者への驚《おどろ》き

また、みなけっこう競争心はあるようで、当会の西荻《にしおぎ》時代には新宗教学者が三人ぐらいで取材に来たこともあって、彼らと会ったこともあります。ただ、その恩師の影響《えいきょう》もあるのでしょうけれども、霊的《れいてき》なことは本当はあまり信じていないのではないかと思いました。

要するに、フィールドワークになっているのです。社会学のフィールドワークの一環《いっかん》のような、そのちょっと分派のような感じで、宗教現象を見ているのです。小さな宗教が起きているところをフィールドワークし、いろいろ聞き取りしたりしたことを、やや社会学的な感じに見えるようにまとめるのが新宗教学の仕事で、その内容についてはタッチしないわけです。内容については、エポケーというか判断中止で、「あの世があるやらないやら、そんなものは分からない」というのです。これは、こちらから見たら少しショックなことです。

「宗教学者が、あの世を信じていない。それでいいのか」「仏教学者があの世を信じていない。霊魂《れいこん》を信じていない。それでいいのか」と思うのですけれども、そういう人がお坊《ぼう》さんを育てる学校で授業をしていますので、「これは大変なことだ」ということはひしひしと感じてきました。「うわあ、今はもうこんな状態になっているんだ」という感じです。

宗教学もこの世的には非常にマイナーなのです。そのときは東大の宗教学科の先生も来ていましたけれども、こちらもよく知らないものだから、「私たちがやると、宗教学ももう少し人気が出て、学生が増えていませんか」と言ったら、「ええ。それはもう、ゼロ人という年もあったのですけれども、最近は宗教人気が多少高まってきて、五人、六人と入ってくることもあります。普通《ふつう》はお寺の息子《むすこ》しか入ってこないのですけれども、五人、六人と入ってくる場合もあるんです」などと言っていました。そこにはホリエモン（堀江貴文《ほりえたかふみ》氏）なども入っていると思います。

その助教授に「東大の宗教学科を卒業したら、どういうところに就職なされるんですか？」と訊《き》くと、六つぐらいの会社を言っていたのですが、商社に勤めていて日経新聞等いろいろなものを読んでいた私が、どの会社も知らないのです。「こんなことがあっていいんだろうか。そんなはずは……」と思ったのです。会社ぐらいは知っているだろうと思ったら、どれを聞いても知らない会社なので、おそらく、ものすごく小さな会社なのだろうと思います。経済新聞や経済雑誌等を読んでも見たことがない会社の名前をたくさん挙げられたので分からなかったということがありました。

そのようなわけで、よほど人気がないのだろうと思います。普通は、お寺の子弟《してい》等が入っているのと、あとは、成績が悪くて宗教学科以外には行けないという人あたりでしょう。

東大では「進学振《ふ》り分け」というものがあって、特に文科Ⅲ類は厳しかったはずです。いちばん下が宗教学科で、平均点五十六点は必要だというのです。五十点が合格点ですから、五十六点であれば、まだ五十点までの間があるので、進学できる点なのです。ただ、六点あるから、まだ下があるかと思ったら、下はないのです。それより下になるということは、「落としたものが半分以上ある」ということを意味します。ですから、社会学だったか文化人類学だったか、合格点が六十八点ぐらいあるところについても、「すごく高くて……」というようなことを言っていたので、「はあー」という感じで聞いていたのです。

宗教学者たちは〝上から目線〟が通用しない幸福の科学に嫉妬《しっと》した

平均点で五十六点を取るためには、「可、可、可、可、可、可、たまに良、不可、不可、良……」という感じで、あとは「可……」というぐらいで並んでいないといけません。〝喝《かつ》〟ならよいのですが、「優・良・可」の「可」です。

五十点から六十四点が「可」ですから、可、可……と、ほとんど可以外はないけれども、何とか単位を揃《そろ》えられたら卒業できるわけです。こうしたこともあって、就職先についても、それほどよいところがあるわけがありません。そういうのを指導しているのです。

さらに、新宗教というのは、だいたい、落ちこぼれたような人が教祖をやっていいます。普通、大学を出ていないし、高校中退ぐらいが教祖の平均で、中学校も出ていないとか、小学校も出ていないとかいうこともけっこう多いのです。普通はそちらが多いのです。

そのため、宗教学者として研究に入っていると、何となく上から見ている感じで、病院の医者が患者《かんじゃ》を診《み》るように、精神病理学的に信者の活動を見て、「ハハッ、こんなことを信じているんだ。ふーん」といった感じの〝上から目線〟で見ているところがあるのです。

ですから、幸福の科学についても、最初は上から目線で見てやろうと思ったのでしょうが、そうではないものが出てきたので、とてもややこしい感じが出てきて、一九九〇年ぐらいからは宗教学者からも少し嫉妬《しっと》され始め、「われわれの縄張《なわば》りを荒《あ》らすでない！」という感じで、やや挑発《ちょうはつ》的になってきたのは覚えています。

私たちから言えば、「新宗教の研究をしている人が霊能力も信じられないようでは、辞《や》めたほうがよいのではないか」と思うわけですが、現実は、「そういうことも価値判断しないのが学問」というような人がなっているので、こういうことで学問審査《しんさ》されても、ほぼ意味がないことかというように思っています。そういう偉《えら》い学者さんたちもみな、そんなものは比喩《ひゆ》だとか、昔からの伝承だとか、そのように思っているのだろうと思います。

それは、教育的に「政教分離《ぶんり》」ということも憲法学では言っているので、マスコミは「自分たちのほうが政治のうちに入っている」と思っていて、「分離するのが正しいのだ」と思っているのもあるし、学校の先生がたのなかにも、「公教育から見れば分離しなければいけない」と思っている人も多かったのではないかと思うのです。日教組《にっきょうそ》が強いところなどは、そうでしょう。

教育においてそのように否定的なことをやっているために、卒業してマスコミ等になっても、宗教に賛成するようなものはあまり書かないのは、基本的にそうであり、事件があれば書くというような感じになっているのです。

世間《せけん》の評判が悪い新宗教のなかで信用を立てることの難しさ

私が幸福の科学を始めるころも、やはり、戦後の新宗教についてはけっこう評判が悪く、「新興宗教って悪いもので、騙《だま》すんでしょう? 騙したり脅《おど》したりするんでしょう?」という感じでした。特に、そのころは、創価学会《そうかがっかい》がその直前に伸《の》びていたときだったので、こちらの創価学会の悪いイメージもずいぶんあったのです。今は公明党が与党《よとう》に入っていて、少しおとなしくなっているので助かってはいますが、私たちが始めるぐらいのころは、まだ悪さをたくさんしていました。

例えば、政治運動をやっていて、反対している他の政党のところには、ガラスの破片《はへん》を郵便ボックスのなかに入れたり、蛇《へび》の死骸《しがい》を投げ込《こ》んだりと、そういう嫌《いや》がらせをけっこうやっていたようです。ただ、だんだんに蛇の死骸が手に入らなくなって困ってきたりしていたかもしれません。

そんなことを平気でやっていたりして、「これでは評判が落ちるなあ」と、ちょっと思いましたが、当会も始めてみると、口のうるさい人たちを黙《だま》らせるのもけっこう難しいことは難しいなと思うところもあるので、そのくらいしたくなる気持ちもちょっとは分からなくもありません。

しかし、「蛇の死骸が投げ込まれていた」「ガラスの破片が郵便ボックスに入っていた」「××のうんちが玄関《げんかん》に置いてあった」などということがあったら、それは、「悪口を言ったり批判したりするのをやめなかったら、こういうことが続くぞ」という脅しでしょう。やっている犯人はだいたい分かりますから、そういうことなのでしょう。

私としても、〝そういう世界〟に入っていくというのは、実につらいものはあったのです。そのなかで信用を立てるというのはけっこう難しいなと思いつつ、やっていました。

5　公的な権威《けんい》を持ちつつある幸福の科学

「第一声」ですでに表れていた法のスケールの大きさ

ただ、三十四年たって、今この「幸福の科学発足《ほっそく》にあたって」の説法《せっぽう》の内容を読んでみても、だいたいその後についての輪郭《りんかく》は大きくは外れていない範囲《はんい》で、やることを言ってはいるのではないかと思います。それほど外れてはいないし、法のスケールの大きさは出ていると思うのです。

以前、このときのテープを聴《き》いたらしい、九州の佐賀《さが》あたりのお坊《ぼう》さんが手紙をくれたので、返事を出した覚えがあります。私は東大の剣道部《けんどう》にいたのですが、その人は東大の空手部《からて》にいたというのです。少し上の人でしたが、「同じ道場で練習していた者として」というように、ちょっと親しみを持っていた感じだったので返事を書いたら、そのお坊さんは、九州の地方紙の論壇《ろんだん》のようなところに、大々的に、「大川隆法氏とも親交のある××宗の××住職《じゅうしょく》」として、宗教批評等をいろいろ書いたりしていました。

「親交がある」といっても、それは、「その人が空手か何かをやっていたらしいが、こちらは剣道をやっていた」というぐらいであり、知らない人なのです。

ただ、この座談会のテープをコピーしたか何かで手に入れたらしいのですが、手紙のなかでは、「スケールが大きいので、今までの仏教やキリスト教やイスラム教や、ほかの宗教も全部、ガラガラになって崩《くず》れていく姿が見える」というようなことを書いてはいたので、最初の第一声でそういったことを感じた方も、やはりいるのではないかと思います。「お寺もみんな、なくなるでしょう」というようなことも書いてはありました。

今は、「お寺の住職をしながら、幸福の科学の信者をしている」という人もいますので、そちらに取り入れてくださっても別に構わないとは思っています。

座談会では質疑応答もずいぶんしましたが、もうハチャメチャな質問ばかりで、「ここで霊言《れいげん》をやってほしい」などと言われたりもしたのですが、さすがに「勘弁《かんべん》してください」と言いました。

そのように、いろいろな面白《おもしろ》い方がたくさん来ていました。

阿修羅霊《あしゅられい》、動物霊、色情霊《しきじょうれい》など、悪霊憑《あくれいつ》きの人が多かった会社時代

ただ、気がついたことが一つあります。本文《ほんぶん》にも書いていますが、会社時代は、確かに悪霊憑《あくれいつ》きの人が多かったのです。

はっきりと全体の率は出せないのですけれども、半分ぐらいは何らかの悪霊現象

というか、憑依《ひょうい》されているようなことはあったのではないかと思うのです。

商社でいちばん多いのは「阿修羅霊《あしゅら》」です。これはわりあい多かったと思います。怒《おこ》ったり、叱《しか》ったり、ギャアギャア言う人が多く、イライラする仕事もたくさんあって、十二指腸潰瘍《じゅうにしちょうかいよう》になったり、胃に穴が開《あ》いたりする人も出てくるようなところ

なのです。そういう、相場をやっているようなところも数多くあるため、阿修羅霊はけっこう多かったのです。

それから、「動物霊」のようなものが憑いている人もよくいました。また、「色情《しきじょう》霊」と思われるものが憑いている人もいました。さらに、「小悪魔《こあくま》」程度と思われるものにも、たまに会いました。

もちろん、全部が全部とは言えないけれども、一般《いっぱん》的にはそういった感じの人が多かったかなというようには思います。

一方、ほかの宗教をやっている人のなかには、宗教霊のようなものがたくさん憑いていました。「不成仏《ふじょうぶつ》の人たちが、たくさんそこに集まってきている」というようなところがあって、すごく手強《てごわ》いというか、地獄《じごく》霊の無限供給をするような宗教もあって、大変でした。

ほかの宗教に行って当会に来たという人もいましたが、こちらが邪教団《じゃきょうだん》と思っているようなところから来た人のなかには、とてもよい外見をしていて、例えば、まだ若いし、とてもきれいだし、いけると思って職員にしてみた女性などでも、近くに来ると空間が歪《ゆが》んで見えるような感じの方もいたのです。それはなぜかというと、「霊能力系の宗教にいて、研修施設《しせつ》に住み込《こ》みでずっとやっていた」と言っていたので、「ああ、それだと、なかなか抜《ぬ》けないかもしれない」と思ったのです。当会に入ってから三年ぐらいたっても、なかなか苦労はしていたところもあります。

あるいは、前の宗教の教えが抜けなくて厳しいということもありました。

求められた「実務的な判断力」や「自分への厳しさ」

ただ、全体の輪郭《りんかく》を多少示せたところはあると思うし、「この世的なことについても知っている」ということや、「宗教にかかわるいろいろなことを知っている」ということも非常に大事なことではあるのですが、やはり、「この世的な実務的な判断のようなものもビシッとできる」ということも大事なのではないかと思います。「このあたりが緩《ゆる》い人は、やはり、やられてしまう可能性が高い」ということは、初期のころに強く感じたことでした。

今も、霊能者的になっている方もいるとは思いますけれども、霊であっても、すべて正直に言っているわけではないので、自分に対して甘《あま》い考えを持っているとやられてしまうことはあります。

ですから、霊がしゃべるのでも、（霊能者が）「自分はこうしたいんだ！」というように強く思っていると、やはり、そういうふうにしか（霊は）言いません。それと違《ちが》うことを言うと、〝クビ〟にされてしまい、「もう来るな」という感じにされるので、やはり、それに近いことを言うのです。

例えば、若い人などが、「君の何十年か後は、××理事長のようになっている」と本人が言ってほしいといった気持ちを持っていたら、やはり、そんなことを言うわけです。

あるいは、「××さんが好きだ」とか、ある女の人のことを好きだと思っていたり、「あの人は結婚《けっこん》の相手ではないか」などと強く思っていたりすると、「その可能性が高い」とか、「もうすぐそうなるのではないか」とか、けっこういろいろ言ってくれるのです。

このようなことを言っているのは、嫌《いや》がらせやケチで言っているわけではありません。自己実現欲のようなものも成長のためには大事なのですが、この世的に見ても、周りの人が聞くと、「ええっ！　そんなことでいいんですか？」というぐらいの自己実現欲の場合、そういうことを心のなかでずっと思い続けていると、やはり、そちらの方向でささやいてくるので、必ずしも正しい霊示《れいじ》にはなっていないことが多いのです。

必ずしも、これが悪霊、悪魔だとは言いませんが、最初は守護霊《しゅごれい》や自分と関係のあるような霊人《れいじん》が言っていたとしても、その人が自己実現的にだけ霊能力を使っていると、次第《しだい》に〝違ったもの〟に入れ替《か》わってきて、ささやいてくるのです。ですから、このあたりについては自分に厳しくなければ駄目《だめ》だろうと思います。

そのあたりについて自分を客観的に見て、例えば、「これはどうかな。出てきているのは日蓮《にちれん》ということで本当によいか。これは空海《くうかい》のレベルに達しているか。これはイエスが言うような内容だろうか」など、こういうことを、緻密《ちみつ》に客観的に分《ぶん》析《せき》できて、受け入れてはいけないと思うものは受け入れないというようなことができるか。こうした修行《しゅぎょう》をけっこうやっていたのです。

これを会社勤めをしながらやっていたわけなので、慎重《しんちょう》であったことを臆病《おくびょう》のように見る方もいるかもしれないけれども、私は、霊的なものに一定の判断を下して、慣れてくるまでに、やはり時間はかかると思いました。

今でもまだ、自分の欲のほうが優先すると騙《だま》される恐《おそ》れはあるわけですから、本当に気をつけないといけません。

はかの宗教で教祖になっているような人も、最初から地獄霊に憑かれていたかどうかは分かりません。どこかで修行をしていたりしていたのだとは思うのですけれども、やっているうちに入られてくるのではないかと思います。

「謙虚《けんきょ》さ」や「平凡性《へいぼん》の自覚」が自分自身を護《まも》る

そういう意味で、何度言っても、繰《く》り返してもしかたがないと思うのですが、「謙虚《けんきょ》であれ」とか、「平凡性《へいぼん》の自覚を持て」とか、「平凡からの出発でいきなさい」とか言っているのも、すごく古く、田舎臭《いなかくさ》いことに聞こえるかもしれなかったとしても、「それがあなたがたを護《まも》ることになるのですよ」ということを言っているわけです。

「自分は超人《ちょうじん》だ」とか、「天才だ」とか思いたくなる証拠《しょうこ》はたくさん出てくると思うのですが、そんなことを思っていると、本当にやられます。あっという間に裏返されるのです。「おまえは天才だ！」などと言われても、例えば、今日の新聞を見ると、『東大出てもバカはバカ』という本の宣伝が出ていましたが（笑）、まあ、そのとおりです。東大を出てもバカはバカで、アホなことばかりやって、失敗をして、他人《ひと》に迷惑《めいわく》をかけて、親に怒られて、借金をしているような人はたくさんいますので、バカはバカなのです。

ですから、「人間として賢《かしこ》いかどうか」ということを検証するには時間がかかるので、気をつけないといけません。霊的なことが始まったということで、あまり自己評価を早く上げすぎて、「自分はやっぱり如来《にょらい》だ」とか「菩薩《ぼさつ》だ」とか簡単に思ってしまい、「生まれによって尊い」とか、「その自覚ができたとき、すでに尊い」という感じで、そのプライドを下げないということもあるけれども、やはり、未知なことが出てきたり、自分に解けない問題が出てきたりすることもあるので、そのときに間違った答えを選んで生き続けると、魔が入ってくるようになるわけです。

私なども、もうちょっと自慢《じまん》して言ってもよいかと思うこともありますけれども、そうすることで、みんなに悪い影響《えいきょう》を与《あた》えてもいけないし、自分自身についても、まだまだ仕事を続けていくためには平静心を失ってはいけないと思うのです。

自慢しようと思えば、「本を二千七百冊以上、出版しました。世界百四十カ国以上に信者がいて、数多くの支部を出しました。英語でも講演しています。歌もつくります。映画もつくります。賞もたくさん取りました。私は天才です」と言っても別に構わないでしょうし、全員ではないけれども、何割かは認めてくださる方がいらっしゃると思います。

ただ、そのように思えば思うほど、仕事は終わりが近づくということだと思っているのです。

したがって、何があろうとも、普通《ふつう》に平素どおり仕事を続けていくことが大事なのだと考えています。

先ほど、東大の宗教学科には平均点が五十六点あれば行けたという話をしましたが、私は商社に入るとき、「英語に自信があるか」という問いに、「上・中・下」と書いてあるなかの「中」のところに丸をしました。「英語力は普通です」ということですが、「普通です」といっても、東大では語学がオールAだったので、一般レベルから見れば「普通ではない」でしょう。

東大での語学はオールAで、英語もドイツ語もオールAでしたから、普通でないぐらいできるのは当たり前なのですが、「いや、それが〝普通〟なのだ。これから勉強して、もう少し専門的にレベルを上げていくことが大事だ」と思っていたため、私は普通の「中」に付けたのです。

ほかの人は、もっと自慢して、「これほどできる！」とよくおっしゃるのですが、私はそういうふうにはなかなかならないのです。ほかにも、それは自慢できるものもあるのではないかと思うのですが。

今ハンナ・アレントがいたら、中国の体制を確実に批判するはず

東大法学部の教授で「国際政治」を担当している藤原帰一《ふじわらきいち》氏は、月一回、朝日新聞に論文を書いていますが、先日の朝日新聞（二〇二〇年九月十六日付）を見たら、なぜかハンナ・アレントを急に出してきていました。

論文の後半でハンナ・アレントに言及《げんきゅう》し、「やはり嘘《うそ》つきはいけない」ということで、「嘘つきは泥棒《どろぼう》の始まり」ではないけれども、〝暴力の始まり〟というような

感じでトランプ大統領や日本の政治を批判していました。
ハンナ・アレントを援用《えんよう》しても、トランプ大統領の批判も日本の政治の批判もできるらしく、私の〝逆〟もできるところを見せていました。たぶん、『大川隆法 思想の源流』を読んだのだろうと思いますが、読んで刺激《しげき》され、何か書きたくなったのではないかと思うのです。

ただ、「ハンナ・アレントを読んだ」というのであれば、「中国について何か一言《ひとこと》、言え。批判ぐらいせよ。でも、怖《こわ》いから書けないのだろう？ あちらに行けなくなるし、中国の外務大臣をやっている人とは、昔、お友達だったから、書けないのだろう？ それを分かっているからね」と言いたくなります。

学者として、それが公平中立なものかどうか、知ってもらわないといけません。「そういう意味ではないでしょう」と言いたいのです。今ハンナ・アレントがいたら、中国の体制を確実に批判するはずだからです。

『大川隆法 思想の源流』（幸福の科学出版刊）

藤原氏はアレントを読んでトランプ大統領を批判していますが、トランプ大統領は、不動産王ではあっても、少なくとも二回は倒産《とうさん》しています。そこから立ち直って、やっている方なのです。

アメリカは自由の国です。二回も倒産をした人が、今、一兆円以上の個人資産を持ち、そして大統領になれるのですから、それは大したものだと思います。

菅《すが》首相は、秋田のイチゴ農家から出てきて集団就職をし、働きながら夜学に通《かよ》ったとも言われ、やがて総理になったので偉《えら》いとは思うのですが、自由の国には倒産してからでも大統領になるところもあるわけで、それは全体主義体制とはやはり違うものがあると、私は思っています。

信者が増えて、権威《けんい》が増してきている幸福の科学

ですから、そういった学者やいろいろな方々の権威《けんい》など、この世的には権威がたくさんあるのだろうとは思いますけれども、私たちは最初から、どちらかというと、

理解してくれないものだと思いながら始めているのです。会社関係のときにもそう思いました。

ところが、幸福の科学を始めたら、今度は、霊の世界や宗教の世界を信じる人が、全国からバラバラではありますけれども集まってきました。いろいろなところで、いろいろな会社に勤めているような人が、バラバラに一人ずつ一人ずつ集まってきて、増えているのです。世界で言えば、場合によっては「小さな国よりも大きいぐらいの勢力」を持ってはいます。

それだけの人が信じてくれているので、一定の権威はありますし、「自分たちが認めたものには、公的な権威が、ある程度あるのではないか」と思うところもあります。

ですから、自信を持っていないわけではありません。自信を持ってはいるけれども、当会を理解できない人たちがいることも知ってはいるのです。しかし、「そういう人たちとも、適当な距離《きょり》を取りながら付き合っていこう」と考えてはいるわけです。

そのあたりを、どうか理解いただきたいと思っています。

それから、新宗教に関しては、私が見ていることのほうがかなり正しいのではないかと思うので、学者たちのように「判断中止」にしたら、それはもう、どうしようもないところではあります。

6　宗教が国や文明の柱であることを立証する

ＵＦＯ等の情報で信用を得るには、それ以外で実績の積み重ねが要《い》る

また、最近は当会から宇宙人のものなども出てきているので、これは余計ややこしいとは思うのですが、アメリカの大統領も、ＵＦＯの動画三本を公表しています。日本の前防衛大臣が退任して行革相《ぎょうかくしょう》になる前にも、ＵＦＯについて、いちおう「自衛隊は、写真なり何なり、何か証拠《しょうこ》に当たるものを、きちんと収集しておくようにに」というような訓示を出したようです。

これは日本が「後《おく》れていた部分」なので、どうしても追いつかなくてはいけませんし、幸福の科学の本や雑誌を読んでいたら、あるいはアメリカのＵＦＯ情報や宇宙人情報よりも詳《くわ》しいかもしれないところまで今行きつつあり、これから、もっと

はっきりしてくるのではないかと思います。

ただ、そういうものでは、ある程度、一定の信用を得ることが必要です。霊界《れいかい》のことについても信用が必要ですし、宇宙人のことについても信用を得るには、「それ以外のことで、やっていることや言っていることが、どこまで精度が高くて信用できるか」ということが、やはりあると思うのです。

その実績の積み重ねがあってこそ、そういう〝異端《いたん》〟の部分についても踏《ふ》み込《こ》んでいくことができるのだと思っています。

大学の学問審査《しんさ》のなかにある「信仰《しんこう》の試《ため》し」

学問性のところでは、まだ多少の争いはあると思いますが、これが、要するに信《しん》仰《こう》が試《ため》されるところではないかと、私は思うのです。

吉田松陰《よしだしょういん》の塾《じゅく》、孔子《こうし》の塾、また、イエスの塾があったかどうかは知りませんけれども、それから仏陀《ぶっだ》が教えているところ、そういうところの権威《けんい》が後世には立ち、キリスト教系にしても、大学などが数多くできていると思います。ただ、当会がそれよりも落ちるものかどうかということは、もう信仰心に懸《か》けて判断いただくしかないと思います。

今、キリスト教系の大学は世界に数多くありますけれども、そこの大学の学問審《しん》査《さ》をイエスが受けたら、イエスが説いていることは、もしかしたら通らない可能性があります。

「目の見えない人が見えるようになった」とか、「足の立たなかった人が立つようになった」とか、こんなことを言ったら、「信用できない。学問的には、これは立証できない」と言われるかもしれませんし、「悪魔《あくま》というのは比喩《ひゆ》でしょう?」と受け取られるかもしれません。

しかし、そういう、後世にできたカルチャーによって、その根源的なるものを批判、否定するのは、なかなか難しいのではないかと私は思いますので、そういう意味での「信仰の試し」はあるのではないかと考えております。

幸福の科学大学の稟申《りんしん》（認可申請《しんせい》）の二回目を行いましたが、判定する審議会の人たちで名前が挙がったのは座長一人だけで、あとの人については名前も経歴も分からないのです。どれだけ怖《こわ》がっているのだという感じがします。名前と住所、経歴が分かったら、ヤクザにでも家を襲《おそ》われると思っているのかという感じでしょうか。そのくらいの感じなのですが、こんな及《およ》び腰《ごし》でやっているのでは話にならないのです。われわれとしては、現実に伝道して信者を増やし、もう認めさせてしまうのがいちばんかなと思います。

幸福実現党も、たぶん一緒《いっしょ》でしょう。これもおそらく、信者を増やすしか、最終的な勝利はもはやないだろうと思いますので、その方向でやっていったらいいと思っています。

こんなものを判定できる人がいるわけはなく、総理大臣が判定できるわけでもありませんので、信じる人をつくり、そして、「信じている人がどういうものを生み出していくか」を見てもらうことが大事なのではないかと思います。

ＨＳＵ（ハッピー・サイエンス・ユニバーシティ）では、「二〇二一年に人工衛星を飛ばす」と言っていますが、どうか、成功し、本当に飛ばしてください。ホリエモンもロケットを飛ばして爆発《ばくはつ》させたりしていますが、なるべく成功させ、飛ばしてくれると、少しは何かまともなことをやっているらしいというぐらいは分かるでしょう。

その試されている期間、実績が出るかどうかを見られていると思ってください。じっと見られてはいるので、やり続けていくことが大事なのではないかと思います。

「やり続け、それを積み上げていくこと」が大事

このようなわけで、今、私の考え方を明らかにしているのです。

『われ一人立つ。大川隆法第一声』を出しましたし、初期二年の講演である「幸福の科学の十大原理」も本にして出しました。どんなことを考えているのか、できるだけ分かるようにしようとして、今、そのような努力をしています。

当会製作の映画は海外の賞をもらっていますので、海外の人には分かるらしいのです。それは信仰があるからでしょう。しかし、国内の人には分からないらしいのです。それは判断しないからです。そのようなことではあるのですが、やり続けて、それを積み上げていくことが大事かと思っています。

ですから、あまり簡単に判定されて分かってしまうようでは、底もまた浅いので、「深さ」や「高さ」ということを言うのであれば、そう簡単に理解できない部分があることもしかたがないのではないかと思っています。

とりあえず、三十四年前に三十歳《さい》で立ったときのものを出しました。私は、こういう考え方を発表した人です。全国から八十七人が来て、聴《き》いてくれました。それがもとになって、そのあと広がっていっています。私はここまで考えを煮詰《につ》めてか

『幸福の科学の十大原理（上巻）』（幸福の科学出版刊）

『幸福の科学の十大原理（下巻）』（幸福の科学出版刊）

ら始めているわけです。

運営等のことについては、次の映画「夜明けを信じて。」等でも出ると思います。ビジネスマンとして見たら、自分で言うのは口幅《くちはば》ったいけれども、そうとう抜《ぬ》きん出ていたのではないかとは思っています。ですから、会社を辞《や》めたら、翌週ぐらいからリクルートの電話が実家まで入ってきていて、ほかの業界からのリクルート等も入っていました。

辞めてすぐかかってきたのは、例えば「ヤナセ」のような貿易会社です。そこはベンツの輸入などをしている会社だと思うのですが、あれをつくる前ぐらいのころだったと思います。東京銀行の支店長か何かを辞めた人が社長になって、私のところに電話がかかってきて、「外為《がいため》や資金関係を全部任すし、給料は前の二倍でも三倍でも出すから、来てくれないか」というようなことを言われました。

ただ、ベンツの輸入ぐらいなら、それは私でできるでしょう。事実上の副社長待《たい》遇《ぐう》でしょうが、ほかにやることがあるのでお断り申し上げたのです。

商社で財務本部に勤めていた人をつかまえるのは、数が少ないのでそうとう難しいのですが、さらに、海外、国内、外為、それから会社の資金繰《ぐ》りまで全部できる人というと、財務マンとしては手に入らないぐらいのレベルになるので、それほど簡単にはいかないと思います。

当会は無借金経営であり、私には「無税国家論」を言う資格がある

ですから、そういう人が始めて、こういう教団をつくっているので、別に、何らインチキ的なことをやって教団を大きくしているわけではありません。世界にこれだけ広げ、映画の賞なども百ぐらいは取っています。当会の〝大黒天会社《だいこくてん》〟たちにも肝《きも》に銘《めい》じていただきたいと思いますが、これで、銀行から一円も借金をしていないという完全無借金なのです。

負け続けの政党があっても完全無借金です。海外で、現地の人にご飯《はん》をたくさんおごりながら、人を集めて講演会をやっていても無借金でやっていますし、映画を

あれだけつくっていても無借金でやっていますので、潰《つぶ》れようがないということです。

この強さはそうとうなものです。戦後、この強さに当たる会社としては、傾《かたむ》く前の松下《まつした》電器にもそういう力はありました。また、今はどうか知りませんけれども、無借金経営をやっていた少し前のトヨタなども、そのような経営体質を持っていたと思います。

要は考え方です。「考え方」で、それをできるようになっているのです。

ですから、税制でも、もう少し税率を下げることもできます。「無借金国家」という、松下幸之助《こうのすけ》さんが言っていたことを言える人がもういなくなってきていると思うのですが、私にはそれを言う資格はあるのではないかと思っています。無駄《むだ》なことがそうとうあるように思えるのですが、実際にやれる人がそれを言わなければ、意味は分からないのです。

「税金を下げたら、国家は破産する」と思っているのでしょうが、経営が全然分かっていないから、そういうことを言うのだろうと思うのです。

二〇一四年、幸福の科学大学の第一回の稟申のときも、学者として減税学者ばかり集めているように思われ、「だから駄目《だめ》だ」とか言われたのですが、これは憲法を読んでいない人の意見でしょう。「学問の自由」のところを全然読んでいないわけです。

アメリカの大統領は減税学者を顧問《こもん》にして、今やっているのです。アメリカは現にやっているのに、「減税学者だから駄目だ」というのはおかしいわけです。

減税学者は、別に、倒産《とうさん》させようとしているのではなく、実は国を繁栄《はんえい》させようとしてやっているのですが、「駄目だ」と言っているのは、それが分からないレベルの経済学の〝ご卒業生たち〟なのです。

もう相手にしていられないというか、こんなことは言いたくはないのですが、本当に〝頭が悪い〟と思います。宗教家に言われたら終わりですが、「それで学者と言えるのか」というぐらいの頭の悪さであり、もう、どうしようもないのです。深い深い無間地獄《むけんじごく》を感じます。しかたがないのですが、「堕《お》ちる」のです。

ですから、これを何とか一流の国まで引き上げなくてはいけないと思っていますので、戦後のほかの宗教がつくった負の遺産、マイナスのイメージを払拭《ふっしょく》し、何とか、宗教は国の柱であり文明の柱だということを立証していただきたいと思います。

ときどき原点に回帰《かいき》しつつ、幸福の科学の活動を前進させよう

『われ一人立つ。大川隆法第一声』は、映画「夜明けを信じて。」とも連動していますので、何かの機会にどうぞお使いください。

いったい、あなたがたのうちの誰《だれ》が、無借金で、七百もの精舎《しょうじゃ》等を建て、映画などをたくさんつくり、学校もつくって、政党が十年以上負け続けても〝へっちゃら〟でいられるでしょうか。「やれるものなら、やってみろ」というところです。

「平凡《へいぼん》からの出発」と言っていますけれども、この世的に見たら、これはもう、ニーチェの「超人《ちょうじん》」のような人でないとできない感じだと、私は思っています。

幸福の科学の活動は、まだ終わりません。これからもう少し行くつもりでいますので、ときどき原点に回帰《かいき》しつつ、前進するよう、お願いしたいと思います。

あとがき

下村湖人《しもむらこじん》という作家の『青年の思索《しさく》のために』という本の中に、「非運に処する道」という一章がある。たんせいこめてリンゴをつくっても、台風で吹き落とされた青年の話が書いてある。昔、学生時代に落ち込んだ時、文庫本を繰り返し読んだことがあるが、今は、ごま書房新社から復刊されている。はじめは、気も狂いそうになった青年が、台風は「天の運行《うんこう》」と見定めて、自分にできることは何か、非運を見つめる、とはどういうことか、反省より感謝へ、といった心境を見出していく話である。

「非運の中に天意を見出す」心構えは、私自身にも大きな影響を与えた。こういう話を味読《みどく》することで、心のヒダは深くなり、心が磨かれていくのである。
「努力即幸福」の境地はそう簡単には到達できないが、昨今、少しは分かってきたように思う。三十四年前、信者ゼロから始めた幸福の科学が、世界百四十数カ国にまで広がった。有難《ありがた》いことではあるが、まだ天意には沿《そ》えてない。努力あるのみだ。

二〇二〇年　十一月三日

幸福《こうふく》の科学《かがく》グループ創始者兼総裁《そうししゃけんそうさい》　大川隆法《おおかわりゅうほう》

『自助論の精神』関連書籍

『太陽の法』（大川隆法 著　幸福の科学出版刊）

『黄金の法』（同右）

『永遠の法』（同右）

『私の人生論』（同右）

『われ一人立つ。大川隆法第一声』（同右）

『大川隆法 思想の源流』（同右）

『幸福の科学の十大原理（上・下巻）』（同右）

※左記は書店では取り扱っておりません。最寄りの精舎・支部・拠点までお問い合わせください。

『若き日のエル・カンターレ』（大川隆法 著　宗教法人幸福の科学刊）

自助論《じじょろん》の精神《せいしん》──「努力即幸福」の境地を目指して──

2020年11月19日　初版第１刷

著　者　大《おお》川《かわ》隆《りゅう》法《ほう》

発行所　幸福の科学出版株式会社
〒107-0052 東京都港区赤坂２丁目10番８号
TEL(03)5573-7700
https://www.irhpress.co.jp/
印刷・製本　株式会社 堀内印刷所

落丁・乱丁本はおとりかえいたします

ISBN978-4-8233-0227-5 C0030
カバー 写真：アフロ
装丁・イラスト・写真（上記・パブリックドメインを除く）©幸福の科学

大川隆法ベストセラーズ・幸福の科学の原点を知る

私の人生論

「平凡からの出発」の精神

「努力に勝る天才なしの精神」「信用の獲得法」など、著者の実践に裏打ちされた珠玉の「人生哲学」を語る。人生を長く輝かせ続ける秘密が明かされる。

1,600円

われ一人立つ。大川隆法第一声

幸福の科学発足記念座談会

著者の宗教家としての第一声、「初転法《しょてんぼう》輪《りん》」の説法が待望の書籍化！ 世界宗教・幸福の科学の出発点であり、壮大な教えの輪郭が説かれた歴史的瞬間が甦る。

1,800円

幸福の科学の十大原理（上巻・下巻）

世界140カ国以上に信者を有する「世界教師」の初期講演集が新装復刻。幸福の科学の原点であり、いまだその生命を失わない救世の獅子吼《ししく》がここに。

各1,800円

大川隆法 思想の源流

ハンナ・アレントと「自由の創設」

ハンナ・アレントが提唱した「自由の創設」とは？「大川隆法の政治哲学の源流」が、ここに明かされる。著者が東京大学在学時に執筆した論文を特別収録。

1,800円

※表示価格は本体価格（税別）です。

大川隆法ベストセラーズ・自助努力の精神を学ぶ

大川隆法 東京ドーム講演集

エル・カンターレ「救世の獅子吼《ししく》」

全世界から5万人の聴衆が集った情熱の講演が、ここに甦る。過去に11回開催された東京ドーム講演を収録した、世界宗教・幸福の科学の記念碑的な一冊。

1,800円

真説・八正道

自己変革のすすめ

「現代的悟りの方法論」の集大成とも言える原著に、仏教的な要点解説を加筆して新装復刻。混迷の時代において、新しい自分に出会い、未来を拓くための書。

1,700円

道なき道を歩め

未来へ貢献する心

未来文明の源流となる学校・HSU。英語や人間関係力、経営成功法などを学び、世界に羽ばたく人材へ——。2018年度卒業式の法話も収録。【HSU出版会刊】

1,500円

新しき繁栄の時代へ

地球にゴールデン・エイジを実現せよ

アメリカとイランの対立、中国と香港・台湾の激突、地球温暖化問題、国家社会主義化する日本——。混沌化する国際情勢のなかで、世界のあるべき姿を示す。

1,500円

大川隆法ベストセラーズ・コロナ禍を生き抜くために

人の温もりの経済学

アフターコロナのあるべき姿

世界の「自由」を護り、「経済」を再稼働させるために──。コロナ禍で蔓延する全体主義の危険性に警鐘を鳴らし、「知恵のある自助論」の必要性を説く。

1,500円

コロナ不況下のサバイバル術

恐怖ばかりを煽るメディア報道の危険性や問題点、今後の経済の見通し、心身両面から免疫力を高める方法など、コロナ危機を生き延びる武器となる一冊。

1,500円

大恐慌時代を生き抜く知恵

松下幸之助の霊言

政府に頼らず、自分の力でサバイバルせよ！ 幾多の試練をくぐり抜けた経営の神様が、コロナ不況からあなたを護り、会社を護るための知恵を語る。

1,500円

P. F. ドラッカー「未来社会の指針を語る」

時代が要請する「危機のリーダー」とは？ 世界恐慌も経験した「マネジメントの父」ドラッカーが語る、「日本再浮上への提言」と「世界を救う処方箋」。

1,500円

※表示価格は本体価格（税別）です。

大川隆法シリーズ・**最新刊**

文豪たちの明暗

太宰治、芥川龍之介、坂口安吾、川端康成の霊言

日本を代表する４人の作家たちの死後の行方とは？「光の芸術」と「闇の芸術」の違い、作品の価値観が天国と地獄のどちらに属するかを見抜くための入門書。

1,400 円

何を以《も》って愛とするか

ジョン・レノンの霊言

ジョン・レノンが体現した「ロックの精神」、そして「愛」「自由」とは？ オノ・ヨーコ守護霊の霊言、楽曲歌詞〈ジョン・レノンから贈る言葉〉を同時収録。

1,400 円

心眼を開く

心清らかに、真実を見極める

心眼を開けば、世界は違って見える――。個人の心の修行から、政治・経済等の社会制度、「裏側」霊界の諸相まで、物事の真実を見極めるための指針を示す。

1,500 円

天照大神よ、神罰は終わったか。

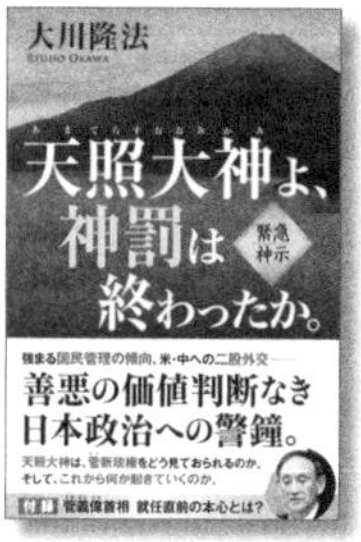

コロナ禍、経済不況、相次ぐ天災――。天照大神から全国民へ、危機の奥にある天意と日本の進むべき道が示される。〈付録〉菅義偉総理 就任直前の守護霊霊言

1,400 円

幸福の科学出版

大川隆法「法シリーズ」・**最新刊**

鋼鉄の法

法シリーズ
第26作

人生をしなやかに、力強く生きる

自分を鍛え抜き、迷いなき心で、闇を打ち破れ──。
人生の苦難から日本と世界が直面する難題まで、さまざまな試練を乗り越えるための方法が語られる。

2,000円

第1章　繁栄を招くための考え方
──マインドセット編

第2章　原因と結果の法則
──相応の努力なくして成功なし

第3章　高貴なる義務を果たすために
──価値を生んで他に貢献する「人」と「国」のつくり方

第4章　人生に自信を持て
──「心の王国」を築き、「世界の未来デザイン」を伝えよ

第5章　救世主の願い
──「世のために生き抜く」人生に目覚めるには

第6章　奇跡を起こす力
──透明な心、愛の実践、祈りで未来を拓け

幸福の科学の中心的な教え──「法シリーズ」

好評発売中！

幸福の科学出版　　※表示価格は本体価格（税別）です。

幸福の科学グループのご案内

宗教、教育、政治、出版などの活動を通じて、地球的ユートピアの実現を目指しています。

幸福の科学

一九八六年に立宗。信仰の対象は、地球系霊団の最高大霊、主エル・カンターレ。世界百四十カ国以上の国々に信者を持ち、全人類救済という尊い使命のもと、信者は、「愛」と「悟り」と「ユートピア建設」の教えの実践、伝道に励んでいます。

（二〇二〇年十一月現在）

愛

幸福の科学の「愛」とは、与える愛です。これは、仏教の慈悲《じひ》や布施《ふせ》の精神と同じことです。信者は、仏法真理をお伝えすることを通して、多くの方に幸福な人生を送っていただくための活動に励んでいます。

悟り

「悟り」とは、自らが仏の子であることを知るということです。教学《きょうがく》や精神統一によって心を磨き、智慧《ちえ》を得て悩みを解決すると共に、天使・菩薩《ぼさつ》の境地を目指し、より多くの人を救える力を身につけていきます。

ユートピア建設

私たち人間は、地上に理想世界を建設するという尊い使命を持って生まれてきています。社会の悪を押しとどめ、善を推し進めるために、信者はさまざまな活動に積極的に参加しています。

国内外の世界で貧困や災害、心の病で苦しんでいる人々に対しては、現地メンバーや支援団体と連携して、物心両面にわたり、あらゆる手段で手を差し伸べています。

年間約２万人の自殺者を減らすため、全国各地で街頭キャンペーンを展開しています。

公式サイト **www.withyou-hs.net**

自殺防止相談窓口
受付時間　火～土:10～18時（祝日を含む）

TEL **03-5573-7707** メール **withyou-hs@happy-science.org**

ヘレン・ケラーを理想として活動する、ハンディキャップを持つ方とボランティアの会です。視聴覚障害者、肢体不自由な方々に仏法真理を学んでいただくための、さまざまなサポートをしています。

公式サイト **www.helen-hs.net**

入会のご案内

幸福の科学では、大川隆法総裁が説く仏法真理《ぶっぽうしんり》をもとに、「どうすれば幸福になれるのか、また、他の人を幸福にできるのか」を学び、実践しています。

入会

仏法真理を学んでみたい方へ

大川隆法総裁の教えを信じ、学ぼうとする方なら、どなたでも入会できます。入会された方には、『入会版「正心法語《しょうしんほうご》」』が授与されます。

ネット入会 入会ご希望の方はネットからも入会できます。
happy-science.jp/joinus

三帰《さんき》誓願《せいがん》

信仰をさらに深めたい方へ

仏弟子としてさらに信仰を深めたい方は、仏《ぶっ》・法《ぽう》・僧《そう》の三宝《さんぽう》への帰依を誓う「三帰誓願式」を受けることができます。三帰誓願者には、『仏説・正心法語』『祈願文《きがんもん》①』『祈願文②』『エル・カンターレへの祈り』が授与されます。

幸福の科学 サービスセンター
TEL 03-5793-1727
（受付時間／火～金：10～20時 土・日祝：10～18時（月曜を除く））

幸福の科学 公式サイト
happy-science.jp

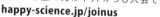

ハッピー・サイエンス・ユニバーシティ
Happy Science University

ハッピー・サイエンス・ユニバーシティとは

ハッピー・サイエンス・ユニバーシティ（HSU）は、大川隆法総裁が設立された「現代の松下村塾」であり、「日本発の本格私学」です。
建学の精神として「幸福の探究と新文明の創造」を掲げ、
チャレンジ精神にあふれ、新時代を切り拓く人材の輩出を目指します。

人間幸福学部　経営成功学部　未来産業学部

HSU長生キャンパス TEL **0475-32-7770**
〒299-4325　千葉県長生郡長生村一松丙 4427-1

未来創造学部

HSU未来創造・東京キャンパス
TEL **03-3699-7707**
〒136-0076　東京都江東区南砂2-6-5　公式サイト **happy-science.university**

学校法人 幸福の科学学園

学校法人 幸福の科学学園は、幸福の科学の教育理念のもとにつくられた教育機関です。人間にとって最も大切な宗教教育の導入を通じて精神性を高めながら、ユートピア建設に貢献する人材輩出を目指しています。

幸福の科学学園
中学校・高等学校（那須本校）
2010年4月開校・栃木県那須郡（男女共学・全寮制）
TEL **0287-75-7777** 公式サイト **happy-science.ac.jp**

関西中学校・高等学校（関西校）
2013年4月開校・滋賀県大津市（男女共学・寮及び通学）
TEL **077-573-7774** 公式サイト **kansai.happy-science.ac.jp**

仏法真理塾「サクセスNo.1」

全国に本校・拠点・支部校を展開する、幸福の科学による信仰教育の機関です。小学生・中学生・高校生を対象に、信仰教育・徳育にウエイトを置きつつ、将来、社会人として活躍するための学力養成にも力を注いでいます。

TEL 03-5750-0751（東京本校）

エンゼルプランV

東京本校を中心に、全国に支部教室を展開しています。信仰に基づいて、幼児の心を豊かに育む情操教育を行っています。また、知育や創造活動を通して、子どもの個性を大切に伸ばし、天使に育てる幼児教室です。

TEL 03-5750-0757（東京本校）

不登校児支援スクール「ネバー・マインド」

TEL 03-5750-1741

心の面からのアプローチを重視して、不登校の子供たちを支援しています。

ユー・アー・エンゼル！（あなたは天使！）運動

障害児の不安や悩みに取り組み、ご両親を励まし、勇気づける、障害児支援のボランティア運動を展開しています。

一般社団法人 ユー・アー・エンゼ

TEL 03-6426-7797

NPO活動支援

学校からのいじめ追放を目指し、さまざまな社会提言をしています。また、各地でのシンポジウムや学校への啓発ポスター掲示等に取り組む一般財団法人「いじめから子供を守ろうネットワーク」を支援しています。

公式サイト mamoro.org　ブログ blog.mamoro.org

相談窓口 TEL.03-5544-8989

百歳まで生きる会

「百歳まで生きる会」は、生涯現役人生を掲げ、友達づくり、生きがいづくりをめざしている幸福の科学のシニア信者の集まりです。

シニア・プラン21

生涯反省で人生を再生・新生し、希望に満ちた生涯現役人生を生きる仏法真理道場です。定期的に開催される研修には、年齢を問わず、多くの方が参加しています。

全世界212カ所（国内197カ所、海外15カ所）で開校中。

【東京校】 TEL 03-6384-0778　FAX 03-6384-0779

メール senior-plan@kofuku-no-kagaku.or.jp

幸福実現党

内憂外患《ないゆうがいかん》の国難に立ち向かうべく、2009年5月に幸福実現党を立党しました。創立者である大川隆法党総裁の精神的指導のもと、宗教だけでは解決できない問題に取り組み、幸福を具体化するための力になっています。

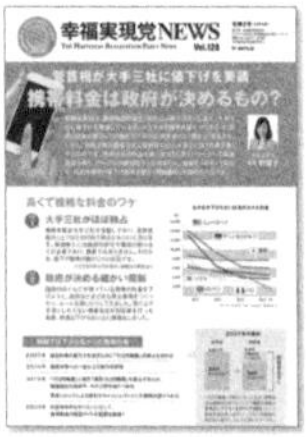

党の機関紙
「幸福実現党NEWS」

幸福実現党 釈量子サイト shaku-ryoko.net
Twitter 釈量子@shakuryokoで検索

幸福実現党 党員募集中

あなたも幸福を実現する政治に参画しませんか。

○幸福実現党の理念と綱領、政策に賛同する18歳以上の方なら、どなたでも参加いただけます。
○党費:正党員（年額5千円［学生 年額2千円］）、特別党員（年額10万円以上）、家族党員（年額2千円）
○党員資格は党費を入金された日から1年間です。
○正党員、特別党員の皆様には機関紙「幸福実現党NEWS（党員版）」（不定期発行）が送付されます。

＊申込書は、下記、幸福実現党公式サイトでダウンロードできます。
住所:〒107-0052　東京都港区赤坂2-10-8 6階 幸福実現党本部
TEL 03-6441-0754　FAX 03-6441-0764
公式サイト hr-party.jp

幸福の科学出版

大川隆法総裁の仏法真理の書を中心に、ビジネス、自己啓発、小説など、さまざまなジャンルの書籍・雑誌を出版しています。他にも、映画事業、文学・学術発展のための振興事業、テレビ・ラジオ番組の提供など、幸福の科学文化を広げる事業を行っています。

アー・ユー・ハッピー？
are-you-happy.com

ザ・リバティ
the-liberty.com

幸福の科学出版
TEL **03-5573-7700**
公式サイト **irhpress.co.jp**

THE FACT

ザ・ファクト
マスコミが報道しない
「事実」を世界に伝える
ネット・オピニオン番組

ザ・ファクト 検索

NEW STAR PRODUCTION

ニュースター・プロダクション

「新時代の美」を創造する芸能プロダクションです。多くの方々に良き感化を与えられるような魅力あふれるタレントを世に送り出すべく、日々、活動しています。 公式サイト **newstarpro.co.jp**

ARI Production

ARI《アリ》 Production《プロダクション》

タレント一人ひとりの個性や魅力を引き出し、「新時代を創造するエンターテインメント」をコンセプトに、世の中に精神的価値のある作品を提供していく芸能プロダクションです。 公式サイト **aripro.co.jp**

大川隆法　講演会のご案内

大川隆法総裁の講演会が全国各地で開催されています。講演のなかでは、毎回、「世界教師」としての立場から、幸福な人生を生きるための心の教えをはじめ、世界各地で起きている宗教対立、紛争、国際政治や経済といった時事問題に対する指針など、日本と世界がさらなる繁栄の未来を実現するための道筋が示されています。

2019年12月17日 さいたまスーパーアリーナ「新しき繁栄の時代へ」

2019年10月6日 ザ ウェスティン ハーバーキャッスル トロント(カナダ)「The Reason We Are Here」

2019年7月5日 福岡国際センター「人生に自信を持て」

2019年3月3日 グランド ハイアット 台北(台湾)「愛は憎しみを超えて」

2019年7月13日 ホテル イースト21 東京「幸福への論点」

には、どなたでもご参加いただけます。　大川隆法総裁公式サイト
講演会の開催情報はこちらへ。⟹　https://ryuho-okawa.org